請問醫生

我的孩子有問題嗎？

劉貞柏 著
台北榮總新竹分院精神科主治醫師

推薦序

孩子的教養問題，比生理病痛還難解

中國醫藥大學附設醫院兒童醫學中心兒童感染科主治醫師／
兒童急診科主治醫師／
FB粉絲團 Dr. E 小兒急診室日誌 謝宗學

在小兒急診室工作多年，遇過無數罹患急重症的兒童，面對緊急複雜的疾病，基本上都可以利用「理性和邏輯」一一拆解，抽絲剝繭後最終總會找出核心的「疾病源頭」，再根據醫學教科書或醫學期刊上所指示的治療建議對症處置，幾乎都可以達到一定治療效果。

然而，自從升格當父親後，陪伴孩子一路長大，深深覺得孩子成長過程中的教養問題遠比生理上的病痛還難以處理，教育專家建議的方法不見得有用，帶過許多孩子的長輩建議的方法不見得有用，甚至對老大有效的方法用在老二身上亦不見得有用。每個孩子是不同的個體，有著截然不同的「質」，需要用不同的方法教導，這個道理人人都懂，但最大的困難點就在「不同」！因為沒有一定的教養方法，只能不斷嘗試、錯誤、再嘗試，眼睜睜看著孩子脫序行為無法矯正，費盡心思想出來的方法達不到效果，對父母來說無疑是最折磨的虐心過程！

看診時，我也常被家長詢問各種孩子行為問題，例如「如何讓孩子肯吃蔬菜水果？」「孩子這麼大了半夜還是會尿床該怎麼辦？」「孩子半夜總是被惡夢驚醒，是不是有什麼問題？」發現比起孩子的生理疾病，家長更在意孩子日常生活的行為舉止，也常跟我一樣陷入不知如何是好的困境。

我常想：「難道沒有一種觀念或技巧，可以像金庸武俠小說裡的獨孤九劍，一招破盡所有孩子的教養難題？」

作者劉貞柏醫師是我的大學同學，從學生時代開始對人與人間的互動關係展現出驚人的洞察力，看事物獨特的觀點常讓我驚豔不已，醫學系畢業後順利進入台北市立精神醫學中心接受精神科住院醫師訓練，目前在台北榮總新竹分院擔任精神科主治醫師，他不但是我的好同學、好朋友，更是在我遇到孩子教養問題時的重要諮詢對象，不是告訴我該如何教導孩子，而是提供我更遼闊的視野，讓我能從不同的角度看待行為問題，進而引導我思考新的可能性，間接導正孩子偏差的行為模式。

相信這本書可以啟發家長，提供「用心，只是找不到方法」的家長另外一種思考可能。

推薦序

讓每個孩子都能在自己的跑道上，發光發熱

台大醫院竹東分院精神科主任／
兒童及青少年精神專科醫師　蘇泓洸

認識劉貞柏醫師已經是十多年前的事了，十幾年來，從學生時代到進入職場，劉醫師把在學時期的熱情與活力，轉換成面對與解決病患各式各樣問題的細心和堅持，用專業知識及溫暖的態度，持續地幫助病患；同時他也樂於將臨床經驗化成文字，讓更多需要幫助卻不見得會求助的民眾，多了一股協助的力量。因此，接到劉醫師要出新書的消息，能先睹為快且推薦給大家，是我的榮幸。

精神科醫師常被蒙上一層神秘的面紗，我們不像內科系的醫師們，透過理學檢查、各類體液檢驗及影像學檢查來了解病患病況並給予治療，也不像外科系的醫師們，可以透過手術刀或是更新一代的機器來動手術割除病灶，精神科醫師們

的診斷工具跟治療工具就是自己本身。也因此，我們有更多的機會跟熱情，來探究病患本身及病患背後的家庭系統和環境等等的困難，並加以解決。

本書中劉貞柏醫師以在實務上的例子做引子，探討分析在臨床上常見各式各樣孩子的問題，並給予家長實質的建議，讓教養的方式不再是透過口耳相傳、見樹不見林，而能有較為穩固的基本架構，透過這個架構來看每個孩子的相同與不同。我認為，教養和醫療一樣，除了理論基礎以外更是一門藝術，這本書就像是藝術的入門，引領進門後，每位家長可以去思考自己孩子的獨特性，擷取書中適合的經驗，整合在自己平日的教養技巧裡面。

受教養過程所苦的父母們，常陷入「到底該讓孩子接受怎樣的方式才對？」的泥沼裡，但我相信，與其擔心「讓孩子輸在起跑點」，不如思考如何才能「讓孩子一直在跑道上」，我也相信透過父母跟孩子的一起努力，孩子才能跑在「屬於自己的跑道」上，盡情地發光發熱。祝福全天下的家長和孩子們！

推薦序

用耐心，解開孩子的心情密碼

親子部落客 Carly

懷孕生產是每個母親生命中最特別的歷程，懷胎時的美好期待，初生第一眼見到的心愛寶貝讓你深愛著，一條隱形的線也緊緊的繫在彼此心上。我們小心翼翼的，認真的摸索學習如何當個稱職的父母。抱著懷裡的奶香娃兒，四目相視時彷彿擁有了全世界，快樂，滿足。竭盡所能的讓孩子快樂成長，希望他們有良好的品德，正確的價值觀，但也常常因為滿溢的愛之深與責之切而陷入矛盾痛苦。

無數個夜晚和清晨，不成眠，躡著腳進孩子房裡，細細端看那稍縱即逝的稚氣臉龐，懊悔著不久前的叨念和疾言厲色，可愛又不會回嘴的年紀怎麼消失得這麼快？面對親子衝突，也面對一次次自我打擊為母的信心，心揪著，痛著！我清楚知道我的孩子沒有問題，更沒有生病，而問題似乎出在爸爸媽媽身上？教養的方式？和另一半不斷討論也不斷修正我們的教養方式，效果總是有限，那個愛撒嬌愛抱抱的女兒遇到不順心就亂發脾氣，自我意識高漲，成了一顆活動炸彈，有時候炸到學校同學，有時候炸傷自己。我們不過分寵溺，盡量做到不打罵，用溝通和分享的方式，但我總被孩子的眼淚綁架，孩子哭完換我哭，問題還是存在，我也始終搞不懂，在滿滿愛裡長大的孩子在憤怒些什麼？為什麼區區小事就哭得像個淚人兒？

那些不知道要怎麼開頭的疑問，在一次和劉醫師網路上的閒話家常延伸為電話中求助而有了不同角度的思考，借重劉醫師的精神科醫師專業，抽絲剝繭解開女兒的心情密碼。

慢慢的，我學會接受孩子還有自己的不完美，原來不是有「愛」就夠了，還要付出相當的耐心和堅強的心智；孩子出生時，父母也如同育兒學校的新生，和新生的寶寶一起學習，一起從失敗中成長。

很開心受到劉醫師看重邀請，為他的新書寫推薦序，我想，是當時那個無助又自責的母親，在電話裡哭得傷心淚流滿面，令他印象深刻吧！閱讀這本書，除了興奮還多了份感謝，那些曾經和著鼻涕和眼淚談論到的觀點，被具體的印刷成冊。育兒教養路上若再次遇到連情緒都打結，或面臨僵持不下的緊張親子關係，套句書中醫師所寫「孩子不壞，即使有時候他們看起來像小惡魔。認清孩子行為背後訴說的話語，是溝通的第一步」。要能了解孩子的想法，爸媽也必須拋棄自己的思考模式，貼近孩子的，共勉之。

目次

PART 1 身心發展

PART 2 親子互動

PART 3 人際關係

作者序

「劉醫師，我家小孩有沒有問題？」我經常會遇到這個問題。會找我提問的對象非常廣泛，從醫院工作同仁到過去的同學、朋友，多曾問過親子教養議題。有時是聊天般話家常、偶爾是特別撥出空檔好好聊個半天；有時聊天氣氛輕鬆愉快、更多時候朋友家長們談到深刻感動處，潸然淚下。面對這樣場景，我更希望依據專業背景，多盡棉薄之力。因為我知道：幫助一名家長，就等於幫助一對父母；連鎖效應傳遞下去，幫助到行為問題孩童，也將間接幫助到他的手足。

之所找上我，表面上是因為「精神科醫師」身分。精神科醫師注重心理層面，問我算是問對人。然而我並非正規兒童精神科醫師，若要尋求正規治療，可諮詢轉介熟識且信賴的兒童精神科醫師，為何要詢問我呢？推測第二層原因相關。

第二層真正的原因在於「我是他們的朋友、而且找我問問題不必掛號」，這當中有很大區別。朋友們並非吝惜掛號費，而是因為「他們的小孩沒有生病」。

若孩子有明確診斷，如典型自閉症、過動兒、發展遲緩等，大部分家長已順利進入醫療體系，接受恰當治療。然而有更多孩子並沒有生病，同時避免將問題行為附上「疾病標籤」，反而因此得不到正確的諮詢管道。

「我的孩子最近入學，進教室就嚎啕大哭，怎麼辦？」「我的孩子不想去才藝班了，怎麼會這樣？」「我的孩子最近突然變得不敢下樓梯，怎麼回事？」這些尋常卻重要的問題，在不同家長間重複被提起。經過詢問，孩子們大多暫無明顯精神科特定診斷。然而這些憂心忡忡的家長們向我諮詢，總要替他們想想辦法。

一開始我會試著了解事情來龍去脈，看看家屬的擔心點跟孩子的問題到底是否一致；描述過程中是否有思考盲點；親子互動中是否有過多情緒依賴與心理投射。這類似心理治療過程，跟精神分析有異曲同工之處。只不過對象針對家長，而非孩童本身。

分析問題外，我根據「認知－行為模式」給予建議。透過條列式建議，讓家長從深層情緒上理解「永遠有活路走」。許多家長面對親子教養難以跨越的鴻溝，常有束手無策之感，內心既擔憂又委屈。旁觀者清，往往稍稍繞過思考盲點就能豁然開朗。因此真正的解決方式，並非硬照著萬用建議走，而是提供彈性思考的另一種選擇。讓深深苦惱的家長們相信：「天無絕人之路，一定還有方法可試試。」孩童問題在家長多方努力下，即使未收立竿見影之效，但家長的煩惱在過程中逐漸化開，孩子行為也有正向改善。

從幫助身邊的人開始，希望透過本書能向大眾推廣。身邊朋友們的孩子普遍就在本書聚焦的年齡層，書中所列問題也常發生在朋友家長間。「有機會就電話聊聊、有空就約出來聚聚。醫生朋友們真的太忙，就寫本書讓大家看看啊！」當初懷抱這種構想，促成此書出版。

感謝父母給我愉快童年，順利成長。在編纂書稿時，每每回顧童年經驗，比照朋友家長們口述的孩子問題，竟也驚人地相似，彷彿這些親子角力與教養點滴跨時代地一再重複，令人不禁莞爾。我相信這是每個親子世代間共通的情感羈絆，構成萬千世界令人動容的家庭樣貌。謹以此書獻給我的父母，及所有用心關懷子女的天下父母們！

前言

遇上教養難題，專業醫生可以給予什麼協助？

面對孩子脫序行為，家長若非親自發現，就是由老師、保母告知。自然而然第一時間會向對方徵詢教養方針。資深有經驗的老師、保母常能提供部分建議。不足的部分，家長會向鄰舍親友諮詢，見招拆招，許多孩童問題迎刃而解。但在某些時刻，老師建議家長直接帶孩子找心理醫師諮商或精神科醫師掛號。某些家長不禁疑惑：「為什麼老師會要我找精神科醫生？我的孩子有那麼嚴重嗎？」另外，有些家長希望尋求教養第二意見，畢竟周遭親友問也問過，老師建議也做過，但就是效果不彰，孩子行為依舊。想要徵詢教養第二意見，卻又不知道往哪邊問。聽人家說可以找醫生，但專業醫生到底能提供哪些幫助呢？

專業醫生可提供的協助

- **評估孩子是否為嚴重精神疾病：**典型精神疾病如自閉症、過動症、注意力缺失、早發精神病、發展障礙、智能不足等，皆需醫師診斷。

- **評估親子互動盲點**：孩子是人、父母也是人。只要是人，就有其行為模式與盲點。當雙方盲點恰巧踩對方地雷，易動輒得咎、雪上加霜。父母希望孩子好，孩子也希望親近父母；雙方想更靠近，因方法不對而屢遭挫折。醫師站在第三方角度，旁觀者清。針對盲點提出建議，化解問題。
- **評估家庭動力**：家庭是一個系統，家庭成員是齒輪，彼此協調才能運轉。孩童的行為問題往往是家庭系統失衡，光靠孩子改變，效果很差。每個齒輪稍微「喬」一下，系統恢復運轉，家庭動力順暢，孩子問題自然解決。
- **提供資源連結**：有時孩童面臨困難，家長無法解決，需要外在資源協助。孩童發展遲緩，家長不知早期療育從何處找起，醫療單位可提供資訊；孩童需認知行為治療，家長想自費找治療師，醫院亦可適時轉介。
- **提供情緒支持**：現在小家庭居多，家長找不到專業人士討論。古早時代，教養問題可找明理的長輩請教，或從教會系統內找牧師長老、育幼院人員討論。這些人員特色是：有指導經驗、立場超然不偏頗、能給父母情緒支持、對其他家屬具權威，講話有分量、掌握資源，必要時能協調轉介、了解人心（心理學）。目前國內社區連結不足，這類需求轉到精神醫療單位，由醫療人員扮演過去的諮詢角色。

教養方式家家不同，把握四個基本重點

- **專注優點、看好不看壞：**孩子行為必有「好」、「壞」兩面，教育方針也是。我們鼓勵優點，對缺點多些耐心，對成果保持樂觀，不以「成功」或「失敗」來定義。
- **常見盲點是「九次成功、一次失誤」：**孩子跟同學商量借玩具，九次成功，商量失敗的那一次是「心急出手搶玩具」，老師通知家長，家長只看到那一

孩子不壞，即使有時候他們看起來像小惡魔。認清孩子行為背後訴說的話語，是溝通的第一步。

次失誤。

- **家庭教育根源於日常生活互動**：身教大於言教，孩童會模仿父母，語言指導不過是給予口語上的定義。孩童根據這些語言指導，融入自己思考中，逐漸養成獨立人格。指導語不精確，孩子會誤解。
- **父母需思考自己的行為對孩子的影響**：許多父母有鑑於此，為了教育孩童，家長自己變得謹言慎行，未嘗不是好事。反之，不成熟的父母原地踏步，缺乏洞悉自身行為的能力，原本的盲點會從孩童的表現突顯出來，不明所以的父母還以為是小孩出了什麼問題，沒想過問題早已存在，差別在於「孩童偏差行為」這個觸發因子。

用心思考教養問題是父母最大的優點，感覺有所不足才會向醫師諮詢。「用心、只是找不到方法」的家長，是本書主要協助對象。此書羅列各種假設，目的在促進思考、提供另外一種思考可能：

「會不會是這樣呢？」

「有沒有可能跟你原來想的不同？」

「如果真的是這原因，我能怎麼做？」

治療師再有經驗，絕不會比家長更了解自己家的小孩。正因如此，治療師提出的方向再怎麼天馬行空，別急著否認，而是思考其可能性。以下是常見對話：

「孩子不吃胡蘿蔔，怎麼辦？」

「改個烹飪方式吧！」

「我試過了，他怎麼都不吃！」

「換卡通餐具，提高興趣！」

「我試過了，他怎麼都不吃！」

「利用甜點獎勵，重塑挑食行為。」

「我試過了，他怎麼都不吃！」

「找他堂哥來玩，一起吃胡蘿蔔，用模仿效應鼓勵他！」

「我試過了，他怎麼都不吃！」

成人以理性思考，孩子則天馬行空。要能順利溝通，先要學習貼近彼此的思考模式。

每位家長試過千方百計改正孩子行為，束手無策才找心理醫師。然而，在沒有足夠信任與情緒支持前，治療師給的建議會一一落空——因為家長都試過了，而且掉入「不想再被指導、不想再被責怪」的迴圈裡，排斥彈性思考，聽不進任何建議。在本書接下來的篇幅中，會逐一針對家庭互動描述跟邏輯假設，藉由情境式架構，讓父母增加對親子互動的概念，同時應用在孩童教育中。

貼心小提醒

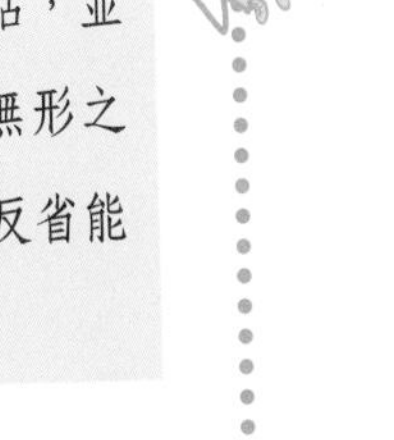

孩童偏差行為有各種可能原因，醫療單位可協助評估，並給父母情緒支持。家長們增加對自己的洞察力，無形之中能將「洞察能力」傳遞給孩童，讓孩童具有自我反省能力，自動自發、越學越好，皆大歡喜！

PART 1

身心發展

1 蹲在地上畫圈圈，害羞內向不是病

孩子怕生，個性害羞、內向，難道是自閉症嗎？

「醫生，我們家小寶很怕生，見陌生人就躲。他哥哥不會這樣，兩兄弟差那麼多。有朋友看到小寶自閉自閉的，建議我帶來給醫生看。」小寶媽媽一股腦說著，憂心之情溢於言表。

許多人誤以為「自閉」就是害羞不說話，「搞自閉」就是耍脾氣自己玩、躲在角落生氣、關在房間不理人。這是習慣性口語造成的誤會。精神醫學定義的「自閉症」，跟傳統口語上「自閉」所指的害羞、怕生有很大不同。

什麼是自閉症？

自閉症是先天腦部某部分功能缺失，影響層面很廣，包括患者的思考邏輯與行為模式。這並不是腦部構造上的問題，因此並無有效儀器能直接檢查出病症。加上此類患者語言溝通較差，通常是藉由外顯行為來推測患者的自閉程度。被懷疑有自閉症的小朋友來到診間，父母們常要填一些問卷，蒐集孩童日常行為是否符合自閉症診斷。既然是源於先天腦部功能缺失，所以並不會因為父母教養態度或生活事件的負面影響而導致發病。

自閉症核心在於：

- **無法體會世界上其他人存在：**自閉症患者無法由心體會世界上有其他人，無法理解這些人有各自情緒。無法理解人們會樂於分享、會相互比較、會從小團體到大團體產生各種的人際關係。
- **不易發展與人溝通的能力：**若我們在單獨一人的房間生活，也不會嘗試跟床、書桌、電視機溝通吧？自閉症患者並非不會說話，而是他無法理解說話目的是跟其他人溝通，話語中的組成語法常會破碎、難讓人理解。
- **肢體語言貧乏：**人與人之間的溝通，語言只占一小部分。溝通還包括：肢體語言、眼神交流、擁抱親吻等親密互動，藉此表達深刻情感。自閉症患者既無所

孩子在群體中悶悶不樂，不一定是自閉。在試圖改變他行為之前，先試著多了解他。

謂其他人，自然很少看人（或覺得不需要看人），少有眼神接觸。肢體互動少，遑論跟其他小朋友一起玩或輪流推鞦韆。

- **發展逐漸落後，跟同儕差距越拉越大：**當其他小朋友隨著發展出複雜的人際互動：打招呼、玩遊戲、分享、嬉鬧等，自閉症小孩發展不出這些能力，相形之下差距越來越大。

小寶並非典型自閉症患者，經醫生說明卻無法消除小寶媽媽的焦慮，她說：「你說小寶不是自閉症，為什麼他那麼怕生？」

孩子內向、害羞的原因？

- **先天氣質：**每個孩童具有先天氣質，一種米養百樣人，即使是親兄弟也可能截然不同。個性可以塑造，但也有其限制。逆勢而行往往事與願違。
- **缺乏安全感：**去兒童樂園不敢玩「海盜船」，或許是因為害怕腳踩不到底的感覺。如果家長陪同，增加孩童安全感，或許能增加勇氣嘗試。反之如果不熟悉遊園環境，父母也不在身邊，會強化恐懼、更加退縮。
- **爭取注意力：**遠遠看到毛毛蟲、沒什麼好怕，孩子卻顯現過度害怕，不敢走過旁邊（即使有段距離），非要緊緊跟著大人，媽媽輕聲安慰才走過。這種成功爭取注意力的行為模式，會強化孩童的退縮習慣。
- **避免失敗：**在家跟年幼的弟弟妹妹猜拳很容易贏，到外頭遇到的是大人或較會玩的鄰居小孩，猜拳反而容易輸。從而產生錯誤印象：在外頭不要隨便跟其他人玩，因為容易輸，久而久之出了家門反而變得退縮。弟弟妹妹反正輸習慣，出外沒這問題。
- **謹慎小心：**一朝被蛇咬、十年怕草繩。一次過馬路差點被機車撞，之後過紅綠燈小心翼翼。這謹慎態度擴展到其他方面，被誤認為膽小內向。

- **測試周遭反應：**孩子個性尚未定型，有時孩童展現不同性格，藉此觀察周遭的反應。平常活潑的孩子突然悶悶不樂，有時找不出原因，幾天後自然恢復，不需過度擔心。
- **幻想世界：**孩子受電視影片強烈影響，對恐怖情節或懸疑氣氛深印在腦海裡，造成短暫退縮怕黑、不敢獨處。若恐怖印象揮之不去，可能

每個孩子都有不同先天氣質，智力，體力與想法的差異。

延續成長期退縮。

- **家庭習慣：**龍生龍、鳳生鳳，父母少戶外活動，喜文靜休閒，孩子傾向於室內活動。
- **同儕競爭：**體育課打躲避球，反應敏捷的同學會拿球丟人，跟不上的就學閃躲、避免被打中。功課不好的同學，上課最好安靜，否則容易被老師點到。同儕競爭會使居劣勢的孩童趨於內向，以求自保。
- **依賴習慣：**孩子主張自己意見，連帶要負相對責任。嚷著要吃麵、煮好只吃半碗就挨罵。依賴父母做決定的孩子，問他意見傾向不表態，看似內向，恐因過於依賴的緣故。

父母不需依照上列清單一一對照，看看自己的孩子符合哪種。條列說明是為了讓父母明白：孩子的行為，無論是害羞、內向，都有多種原因。經由行為分析可找到蛛絲馬跡，針對重點改善。

Column 自閉 v.s. 內向

	自閉症	高功能自閉症	亞斯伯格症	內向
智商	高比例偏低	正常	正常	正常
語言發展	差	差	正常	正常
在團體中的主動表達	欠缺語言表達	欠缺語言表達	跟情境轉變無太大差異	比在熟悉情境中少，也會隨社會情境調整
能以肢體語言如眼神、表情、手示等表達抽象感受	差	差	差	正常
會察言觀色，透過表情解讀他人情緒	差	差	稍差	正常
能跟其他小朋友有默契地玩成一片	差	差	差	正常
重複刻板行為	有	有	有	否
僵化的自我規則	有	有	有	否

孩子的內向、退縮通常有原因，需父母細心觀察。針對問題務實地討論，尋求解決方式，而不是執著於「到底有沒有自閉症」診斷。許多孩子在父母關懷下，問題自然而然解決。

2 課堂坐不住非過動，拖拖拉拉有誰懂

孩子好動，在課堂上坐不住，無法靜下來寫功課，會不會是過動，要吃藥嗎？

「醫生，老師說毓雅上課愛講話，是不是過動？」眼前大約六七歲的小女孩，白白淨淨，羞怯地看著我。「如果白天有帶孩子們出去玩，回家就不會吵。」毓雅媽媽望向對空揮拳的小男孩補充：「那是她雙胞胎哥哥多多。」

多多一會兒打拳、一會兒跑來看我桌上的電腦螢幕，伸手要拿滑鼠玩。「多多不要這樣。」媽媽出聲制止，回過頭說：「多多有看精神科治療過動症，白天拜託老師拿藥給他吃。以前沒吃藥的時候，狀況更糟……」

有些小朋友上課動來動去，愛跟同學擠眉弄眼，甚至說話打鬧，老師看了不對勁，加上屢勸不聽，於是轉介特教老師評估。若疑似過動，這些孩童會在老師建議下由家長帶到醫院。

然而，這些「不守規矩」不能以「過動症」、「注意力缺失」等醫學名詞一概而論。背後的可能原因包括：

- **家裡嚴格學校鬆**：在學校跟同學玩很瘋，回到家卻因家教很嚴，所以循規蹈矩。
- **對女生要求嫻靜端莊**：家庭文化女男不平等，於是女生活潑的一面只在學校表現。
- **孩子在家裡情緒緊繃**：父母失和，孩子常成為被遷怒或父母情緒角力的對象。在學校才能放鬆，整個大解放。
- **在家中排行較小的手足**：弟弟老爭不過哥哥。在學校弟弟跟同儕比起來占優勢，較自信活潑。
- **同儕競爭有限資源**：營養午餐每天布丁只有多兩三份，吃完的同學排隊，先搶先贏。孩子為了競爭額外點心，吃東西速度比在家快。

上課不專心，可能是因為喜歡跟鄰座好朋友打打鬧鬧。

從這幾個原因來看，學校著重團體生活，強調競爭表現，鼓勵主動態度。表現不錯的孩童，受到鼓勵更加積極。只不過若分寸拿捏不好，就被當成搗蛋鬼。

如果家長聽到老師提醒後第一個反應是：「小朋友在家不會這樣啊！會不會是老師誤會了？」心裡築起高牆，便會錯失了解真實狀況的機會。心不甘、情不願帶孩童看醫生，經評估後發現沒有明顯典型過動症狀，家長就認為孩童被老師冤枉，拿評估結果回去向老師說：「醫生說我孩子沒病（老師你錯了）！」

學校老師提出相關建議，家長第一

步需澄清孩童在校狀況，比較老師跟家長分別在學校和家裡觀察的是否一致。家庭和學校情境不同，孩童有可能表現不同。對兩邊觀察不一致的地方，不要急著辯白指責，而是想想其中可能原因有哪些。即使真是過動症，也要從正確角度了解疾病。

什麼是過動症？

過動症是一種生理層面的腦部疾病，跟孩童是不是故意搗蛋無關。常見症狀包括：

- **活動力充沛，彷彿一顆用不完的電池：**過動兒到陌生地方也很快開始東摸摸、西看看，幾乎不怕生。
- **活力高昂，耐不住性子排隊：**看到有趣的東西顧不得其他就衝上去，迅雷不及掩耳，家長要阻止都來不及。在家聽到門鈴響孩子一邊尖叫、一邊往大門衝，急著看誰回來。

- **若伴隨注意力缺失，做事易拖拖拉拉：**不只寫功課耗很久，吃頓晚飯都要花上兩三小時，吃沒兩下就跑到別處看看摸摸。
- **轉換學習環境時，易暴露缺點：**家中長輩有耐心，從小跟著磨性子，自我安慰男孩較活潑。然而當進入幼稚園或上小學，轉換到不同環境學習，很快會被老師注意到不對勁，家長獲知疑似過動，在建議下尋求後續評估或治療。

過動症一定要吃藥嗎？

目前市面上並沒有針對過動或注意力缺失的「治癒特效藥」，無法單靠服藥讓腦部「變好」、「恢復」。關於藥物治療，必須了解：

★藥物的功效與副作用

治療目標在於「改善症狀」、「讓症狀跟生活取得平衡」。藥物本身無「治癒效果」，因此劑量「足夠就好」，家長可以在某些時刻降低藥物劑量，例如假日、休閒活動時間、體育課。這些時段孩子不需要高度集中力，藥物可以順勢減

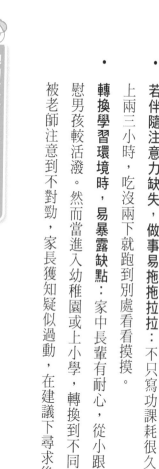

量。若是數學課，孩子需要高度集中力學習，這時段的藥物劑量應固定。服用藥物的相關副作用包括失眠、食慾降低等，目前有替代藥物可選擇。

★著重孩童「學習狀態」

學習狀態是動態變化，不能單靠片段就下結論。無論有無過動症，孩童若學習遭遇失敗，而失敗原因無法透過大人理解被解除，失敗就導致挫折，多次累積挫折會降低學習動機，最後自我放棄。

很高比例的過動症孩童「最有興趣的課程是體育課」。並非他們的體育有特殊專長，而是其他英數學科因過動症而表現低落，連帶對該學科越來越沒興趣，認為是自己能力差、學不好。

低年級體育課的技術成分不高，只要活力十足在操場上衝來衝去就能獲得矚目，於是過動症孩童變得「最喜歡體育課」。

★避免被貼上標籤

國內教育環境強調智育，學業表現不好易遭責罵，還被貼上壞學生標籤。貼

案例

上數學課，多多無法集中注意力：上課聽不懂、學習成果差、考試分數低、挫折感降低自信心、對數學科產生排斥、自責腦筋差。

強調正面學習動機

透過藥物改善注意力，媽媽關心詢問學習狀況：「有沒有覺得比較專心？」「其實你好好靜下心來，是可以聽得懂老師教的，對不對？」「你看，你做得到！媽媽對你有信心，你對自己是不是也有信心？」「多多不是腦筋差，是學習上遇到困難，我們一起來努力克服，好不好？」

避免負面指責

「有沒有記得吃藥？」「有沒有搗蛋調皮、上課說話？」「老師講的你有沒有專心聽？上次不是學過了嗎？作業怎麼還寫錯？」「吃過藥怎麼還不專心？你有沒有認真啊？」

藥物使用注意事項

依照醫囑使用，勿服用醫師開立劑量以上的藥物。

非經醫師開立不得服用，勿轉讓或給其他人使用。

藥物使用最佳時機為「需要集中注意力的課程」，換言之，體育課、唱遊課、放課後或寒暑假期間，可依生活作息調整，嘗試減少服藥劑量與頻次。

可能的副作用包括食慾降低、失眠等。任何其他身體不適，即使不一定跟藥物相關，皆可向開立處方的醫師詢問。

Column 常見藥物「利他能」

中文商品名：利他能
英文商品名：Ritalin
英文藥物名：methylphenidate

過動及注意力缺失症（attention-deficit/hyperactivity disorder; ADHD）常用的第一線藥物。常見種類為短效型，每日分次使用。亦有中長效劑型。

灌輸孩子建立正確觀念

「此藥是幫助發揮我應有的能力」、「我將來可以靠自己越學越好，不必再服藥」、「其實我做得到」。

偏誤認知

「只有當我服藥時，才能集中注意力」、「藥物可以讓我表現更好，所以與其自己多加努力，不如記得要吃藥」、「我都吃藥了還無法專心，是藥物沒效的緣故」。

使用藥物時最好搭配認知行為治療

許多父母不知不覺中忘了：服藥只是方法途徑，主要目標第一是提高「學習動機」，次要目標是提升「學習成果」。

學習成果差，當然容易學習動機低落。久而久之孩子興趣缺缺、根本不想學。但若只強調學習成果，那麼孩子也只學會「透過各種方法來提升學習成果」，以本例而言，孩子就易養成「非吃藥不可」觀念。

上標籤後，更易自我放棄，受到菸酒誘惑或交上壞朋友，演變為打架、抽菸等行為問題，更難取下壞學生標籤。

★重建失去已久的信心

讓孩童發現「原來自己有機會能好好學習，聽懂上課內容！」從惡性循環中改為良性循環，學習與人相處跟社會化成長。

即使因腦部缺失導致智育學習效果差強人意，其他部分仍能順利學習，這才是藥物協助的重點。

上課很多意見，問天馬行空問題，或是愛講話的小朋友，不一定是過動症。

拖拖拉拉，是注意力缺失嗎？

「是啊，多多以前上課坐不住常被老師處罰，後來變得不喜歡上學。服藥後坐得住，雖然還是少根筋，但能適應學校，老師偶爾還會稱讚他，於是多多就不排斥上學。」媽媽接著說：「聽到老師這麼講，我怕毓雅也過動，她寫功課總是拖拖拉拉，跟她哥哥很像。」

寫功課拖拖拉拉，不一定是注意力缺失，要先評估孩童基本能力，包括：

- **智能**：大腦認知功能相關能力，包括邏輯、空間概念、算術等。
- **視力及閱讀能力**：弱視、近視等視力問題。另外有孩童「看讀字」特別吃力：眼睛看物體沒問題，但閱讀文字時，大腦要將眼睛看到的文字「解讀」出來，過程產生問題，造成效率不高，嚴重者可能有「閱讀障礙」，這種特殊障礙患者，說話、唱歌、計算都沒問題，單單閱讀統整能力不佳。
- **書寫能力**：包括握力、持筆、手部肌肉運動、協調功能。有的孩子肌肉運動沒問題，但持筆過度用力、手痠、手臂姿勢過度費力，需要多次休息，間接造成寫字拖延時間。

基本能力外，孩童寫作業拖拖拉拉還跟習慣及環境相關：

- **寫作業的書桌椅：**有些家庭沒準備合適高度的書桌椅，孩子在過高的餐桌寫功課，增加肩頸負擔，容易肌肉痠痛，無法端正坐姿寫字，在過矮的茶几旁盤坐在地寫字，或在沙發上靠著扶手寫作業，都面臨類似問題。
- **寫作業的情境：**孩子待在書房寫作業，家長在客廳看電視，看到精彩處哈哈大笑。孩子受影響，心猿意馬，跟著藉故上廁所、開冰箱、東摸西摸，無法專心。或如兄弟兩人，弟弟年紀小沒作業，哥哥看到弟弟整天玩，自己也無心功課。
- **書桌旁太多玩具：**孩子即使有書桌，旁邊書架上擺滿玩具，孩子眼睛不時瞄一下，腦海想像沉浸在玩具世界，影響寫作業的注意力。
- **作息安排不恰當：**孩子洗完澡、吃完飯才寫作業，全身放鬆、昏昏欲睡。卡通看過了、玩具也收起來了，剩下只有寫作業，當然興趣缺缺。父母為了不打擾孩子學習情境，在孩子九點上床睡覺後才看電視。但偏偏九點已到，作業才寫不到一半，該怎麼辦？

以上各種情境假設，是為了從孩童的角度分析問題，避免直接歸咎孩子「不專心」、「不認真」。父母可以利用這種多元化及彈性思考，從細節推敲，發現並且面對真正問題，才能有效地改善孩子的偏差行為。

貼心小提醒

典型過動症跟腦部活性有關，吃藥改善症狀目的在中斷學習挫折的惡性循環。寫功課不專心的原因很多，跟環境更是相關，不是光吃「專心藥」就能解決。

3 是大雞慢啼，還是不能輸在起跑線？

孩子智商高，是不是資優生？孩子的發展比別人慢，是不是要趕快去早療？

這天航雅跟著媽媽來醫院看心理衡鑑報告，我看了結果，驚訝地說：「航雅的基本能力不錯耶！綜合智商高達一百二！」

「這是很高分嗎？滿分幾分？智商就是IQ嗎？」媽媽問道。

小朋友來到兒童心智科，醫師常安排心理衡鑑評估孩童基本能力，其中一項是「智力測驗」。

智商就是智能商數，是測驗分數跟全體平均點值所得的比值。如果絕大部分人考高分、得較多點值，整體標準就拉高。如果大部分人考一百零五點，商數計算最後會按比例調整為一百；考更高點值的，則依商數比例放大。「很容易考一百分」，因為一百就是平均值。

智商高一點別得意，低一點也甭緊張

- **平均值範圍：**上下各十五是正常範圍，智商八十五到一百一十五算「合理範圍」。
- **智商九十：**比較鈍、學習反應較慢。若問這算不算「異常」，根據計算標準，不算。
- **智商一百一十：**功課排名班上前面，但未達「優秀」、「天才」。

好似賽跑比賽，假設一百公尺全校平均成績要跑十八秒，一個標準差兩秒，學生跑十六到二十秒是合理，不會說跑二十秒就特慢，十六秒就稱飛毛腿。如果超過更多標準差，就要開始注意。

家長不需要對合理範圍內的智商患得患失。家長認為孩子得九十五分偏低，要求多安排幾次測驗，期待提升分數。既在合理範圍內，有可能後來居上，透過練習或學習方法補強改善，也可找尋孩童獨特的興趣專長，針對目標培養能力，不需在大眾學科領域爭長短。況且，多做幾次會有練習效果，反而不準確。一般來說，一年最多做一次，超過就不準。

若測驗成績到達輕度或中重度智能障礙，應尋求適當教育資源及學習環境來協助孩童。智商偏低並不是一種疾病。既然跟全體比較，一定有人高、有人低。好似身高，有一定比例身高脫離平均值，坐全班最前或最後一排。只要排除軟骨發育或代謝異常的侏儒、巨人症等醫學問題，就可放心。

低智商不是疾病，所以無所謂治療。以目前醫學科技並沒有「聰明丸」能夠改善智能障礙。

被貼上精神疾病標籤的孩子，
常無故蒙受過多指責與歧視。

「毓雅聰明的程度超過我的預估，好好培養，大有可為！」

媽媽鬆了口氣，但忍不住說：「她在家裡什麼都不會做啊！」

「你有試著讓她做看看嗎？讓她獨自去便利商店繳手機帳單？」

「那麼多錢，路上遇到壞人怎麼辦？」

「你有沒有讓她練習說故事，用不同口氣扮演故事角色？」

「家裡就多多跟她兩兄妹，平常是多多要找她玩。但男女生玩的不一樣，玩一玩就不玩了。」

「那你有沒有讓她幫忙切菜、煮湯？」

「她還小，拿刀、用火有危險。我平常上班忙，簡單煮。讓她幫忙的話，反而要花更多時間。」

「如果你讓她有機會試看看，說不定有令你驚喜的事情發生呢！」我提醒毓雅媽媽。

多刺激大腦，放手去學，孩子就會進步

過於保護，不讓小朋友練習，他永遠沒機會學。

★嘗試讓孩子練習簡單家事

初級如排碗筷、擦桌子；中階如洗碗、晾衣服；困難像打掃、煮飯等，可從小開始練習。

「毓雅連擦桌子都很難叫，寫功課也慢半拍，如果要她用電鍋煮飯，全家大概不用吃晚餐了吧？」毓雅媽媽說。

孩童練習目的在於「多方嘗試、開發大腦潛能」，為了這個大前提，需要投注額外時間，在孩子學習過程中耗費多餘時間是必然的。若只為了效率，不讓他們練習，可能永遠沒機會從實做學習，更沒機會犯錯，缺少從挫折中學習及培養受挫力的經驗。

智商高出一般人的毓雅尚且如此，對於一般智商或智商偏低的孩童更是如此。怕孩童慢半拍或出差錯，為省事不讓他們練習，那麼永遠沒有學習機會，

孩子的各種行為都是在學習試誤，
練習在人際間取得平衡。

原本具備的能力也因少用而生疏，或因害怕失敗而越來越退縮，整體功能被低估，孩子學習過程進入負向循環裡。

幼童的初期學習重點不在「智育」，而在「刺激大腦」。孩童的腦神經系統還在發展，尚未定型，藉由多樣化外在刺激，能有效地進一步開發大腦潛能。

★家長鼓勵開發幼兒的感官能力

讓他們多感受視覺、聽覺、觸覺、味覺、嗅覺等各種感覺。不要急著將各種感覺下定義，而是去多體會感官的不同層次。

- **看顏色：**不要太快要求背誦「這是

鮮紅色」、「這是粉紅色」、「這是暗紅色」這種「死記」。鼓勵他們感受「光影、顏色、明暗」的基本感受。

Tip 同樣紅色蠟筆，隨著塗鴉深淺筆觸，呈現不同紅色樣貌；搭配不同的燈光或日照，會有光影變化。畫在不同顏色紙上，也呈現不同繽紛。

- **嚐味道：**同樣吃蘋果，也分冰的跟不冰的、甜的跟沒那麼甜的，產地、季節、完熟跟熟透的，各有風味。

Tip 不必太早讓幼童在心中定義「這味道好」、「我喜歡這個味道」、「我要吃多點這個味道」、「我喜歡吃蘋果」。

★鼓勵運用創造性表達

不要限制孩子的特殊表達，反而可適時鼓勵。

「天是藍的、樹是綠的」，認知上正確，這是制式表達。若以藝術想像：天是橘色晚霞、晚上的樹可以是黑色。創造性表達增加想像力、培養觀察力，更可跳脫傳統邏輯思維，活化大腦。

更具創意的表達，例如：看到美麗的天空，你想到哪首歌？想到哪種動物？你會想到誰的臉、誰的表情？高度創意性表達初看天馬行空，但正是發揮孩童的大腦優勢。

大人可以這樣問，小孩不必如此答：大人以創意性問題提問，小朋友很容易被「問倒」。所以語氣要和緩，用意在「鼓勵孩童活用大腦」，而不是「用很難的問題讓他們答不出來，甚至造成退縮跟挫折」。把握孩子在細微處主動發揮創意的瞬間，以口頭及肢體語言鼓勵並延伸其創意。

★流行速食易讓孩童感覺鈍化

先撇開營養失衡跟過度食品添加物的漢堡、薯條不談，試著想想：無論在台灣還是印度、紐約或加州，你踏進速食店都會看到類似的裝潢、聞到空氣中類似的油炸味、嚐到味道類似的食物飲料，在在幾乎封閉任何變化的可能性。

食品中添加過度油脂和糖鹽調味，吸引大腦產生愉悅錯覺：孩童以為自己愛吃速食。大人們也誤認孩子愛吃，儘管知道吃多不好又無法克制。

感官封閉，大腦也越來越封閉。商業手法會「透過調味鼓勵大腦呆板鈍化，卻又一再想吃」。久而久之，缺乏彈性思考也不足為奇。

速食餐廳行銷手法就是「讓孩子不知不覺中越吃越多」，讓大腦變得呆板，喪失挑選食物的能力。有鑑於此，應盡量減少此類食物。

★多元化教學，深入學習本質，不拘泥形式

多元化學習不只是參加才藝班，而是能從生活周遭注意細小變化，觀察存於其中的萬千世界；再從思考中點滴領悟、匯集智慧，並熱切地在心中產生共鳴。沒錯，照這樣的學習邏輯，不只是孩童，成人也能在這條路上不斷前進、自我成長，達到豐富心靈的目的。

什麼情況需要早療？

有些家長想說不要讓孩子輸在起跑點上，打聽到「早期療育課程」，詢問是否越早參加越好。早期療育主要針對特殊障礙孩童，比如說當孩童有以下狀況時：

- 走路、跑步常重心不穩而跌倒。
- 拋接球接不住。
- 湯匙、叉子拿不穩。
- 運動姿勢怪異。
- 講話不標準、發音有問題。
- 情緒表達與情境不一致，包括突然發怒、難以安撫激動情緒等。
- 與同齡孩童相比，缺乏用恰當語言跟肢體與他人溝通的能力。

早期療育重在把握黃金時間。在大腦成長的關鍵階段，應替發展遲緩的兒童盡早安排專業療育。發展遲緩包括：

- **運動、跑跳平衡**：以平衡障礙來說，眼睛是視覺平衡很重要的一環。視力看東西沒問題，腿部的骨骼、神經、肌肉沒問題，但視覺「平衡」出現障礙，結果導致跑步常跌倒。

經過感覺統合訓練後，協調度增加，也許跑步速度跟原本差不多，但可跑得比原來更穩定。

- **感官功能知覺：**評估特殊感覺如視覺、聽覺是否障礙或不足，或對外在刺激過於敏感或遲鈍。針對這些缺陷予以量化評估，適當輔以助聽器改善聽力或眼鏡矯正弱視，腦神經發展才能順利銜接。
- **語言情緒表達：**以語言治療概念為例，若齒、唇、舌及喉部肌肉協調不好，孩童就無法正確發出某些音節。父母未受過專業訓練，只能反覆要求孩童「仿說」，大人越教越挫折，小孩越學越難過。
  語言治療師具備特殊專長，熟悉音節及發音解剖構造的關聯，利用特殊發音或短句歌謠針對弱勢音節強化，同時提高孩童學習動機，有效率進行改正。
- **智能及溝通能力：**以溝通來說，口舌發音沒問題，對文字理解沒問題，但對語言表達的「情緒層面」整合度不佳，間接造成情緒辨識度低，產生溝通障礙。
  孩子無法清楚表達情緒，也無法接收辨認他人情緒，久而久之情感表達越來越退縮，行為上因找不到適當表達方式而越來越急躁，惡性循環下面臨大人更多指責，最後每況愈下。

六歲以前盡早介入，幫助孩童針對障礙點改善。透過早期療育，讓孩童被低估的部分順利發展，達到應有水準。早療不是讓孩童變更聰明或好上加好，是讓孩童不受小部分關鍵障礙而喪失大量正常功能。正確評估，尋求合宜資源，適當療育，就能把握黃金時間順利發展。

貼心小提醒

兒童學習發展的重點就是腦神經發展。除智力測驗外，其他如運動感覺統合、語言溝通等其他項目也可評估。家長應把握黃金時間提供多元化刺激，促進腦部發育及腦功能發展。

4 校門口的十八相送，哭哭啼啼爸媽好難受

拒學、上學哭鬧，是分離焦慮症？還是學校老師有問題？

「我們家山姆最近入學，在門口跟爺爺奶奶十八相送，到教室還繼續哭。已經好幾天了，怎麼辦？」張太太給兒子取英文名當暱稱，久而久之叫習慣。山姆躲在媽媽懷中怯生生地撒嬌。

「上學應該會來不及吧？他每天早上在家裡耗什麼？」我問媽媽。

「一下說要尿尿、一下說要喝水、一下換鉛筆，反正很多事。山姆的爺爺奶奶也寵，講什麼就趕忙拿給他，每天拖拖拉拉搞很久。」張太太輕嘆，臉上顯現莫可奈何的表情。

每當夏季開始進入尾聲，天氣逐漸轉涼時，總有一批小朋友蓄勢待發，準備開學，從家庭走入學校，開啟全新未知的領域。尤其是那群準備上幼稚園或直接開始上小學的孩童們。在家裡「集三千寵愛於一身」，如今參加團體、走入人

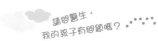

群。跟那些無論喜歡或不喜歡的同學們，坐在同個教室裡；教室前面陌生高大的老師，敦促著日常規矩外，還給每個人打分數，催促學習課本裡頭困難的知識。

寶貝上學去，父母要做的心理準備

★學習的本質是挫折

課本裡是沒學過的教材。如果孩童早已學會，如在家已學過注音符號，那麼老師只不過是複習一遍，稱不上學習。學習在於「藉由指導，學會原本不會或不熟悉的領域」。換句話說，學習

學習的本質是挫折，學習不只是背誦，更多時候是在磨練孩子的耐心。

本身就是「充滿挫折的過程」。孩童個人的抗壓性、受挫力，在入學之後會一一受到挑戰。能力不足或落後的，很快就會暴露出來。

★同儕競爭

家庭跟學校的差別：兩兄弟大波比弟弟小寶年長兩歲，很輕易在各方面領先弟弟。跟小寶比起來，哥哥學得快、跑得快、跟大人們互動良好，理所當然培養出自信。然而等到大波入學，放眼望去都是同齡小朋友，高矮胖瘦、跑得快的、跳得高的，各有不同，原本的自信受到挑戰。大波若能順利競爭成功，還能挺過一陣子。若居劣勢，老師

校園同儕競爭，有第一名就有最後一名。學會接納自己的缺點，失敗才不會氣餒。

和家長又沒能適時伸出援手，單靠大波自我調適，當然較辛苦。

★不要低估孩子的調適能力

這是必經的過程，也是成長的本質。在學習過程中，人們絕大部分是靠自己慢慢走來，靠別人的少。孩童的自我調適能力比父母想像中來得大，只是沒大人那麼好，需要較多的「自我保護」機制。就像一個電瓶，剛開始容納電量小，在擴大電容量前，也只能適時放電，甚至偶爾跳電，避免整個電瓶燒壞。這種「自我保護」在心理學上稱為「自我防衛機制」，是合理的心理作用，在適當範圍內保護我們。

★情緒宣洩有其必要

孩童放聲大哭或悶悶不樂，都是某程度的「放電」，經歷挫折之後，靠自己調適。大人若貿然干涉，變因增加，反看不清孩童原本的樣貌。其中一例就是剛入學的小朋友「哭著不肯上學」。

什麼是分離焦慮？

分離焦慮可能是一種互動的結果。分離焦慮不單發生在孩童身上，也發生在父母身上。

媽媽說山姆到教室繼續哭。我問她，是不是老師轉告的。「我跟到教室去看啊！我親眼見到的。」張太太說。「山姆知道你在看他嗎？」「有幾次我離開後又不放心，偷偷回去看，看到他會回頭找，但我盡量不讓他看到。」媽媽才剛說完，山姆就搶話說：「我有看到！」

相同的場景，讓我們從不同角度來看：

- **孩子的角度：**孩子哭了，父母出現給予安慰，孩子內心重獲安全感，平靜下來。

- **父母的角度：**對父母來說，孩子哭了，自己前往給予安慰，看到孩子平靜下來，父母覺得「自己是被需要的、被重視的，我在孩子眼中是不可或缺的！」雙方在心理上各自獲得滿足，進而深化情感，這本是合理且自然的過程。

孩童為融入團體，相對要離開父母。焦急的父母透過窗戶，看見孩子跌倒，總會心急：「為什麼老師還沒看到？為什麼我不能衝進去扶他起來秀秀？為什麼我只能眼睜睜看著，不能進去提醒老師一下？」想著想著，很多父母拚命忍住。接著跌倒的孩子站起來，左看右看沒人理，哭也沒人注意，再不起來就跟不上大家唱遊的拍子！自立自強、揉揉膝蓋，沒事般繼續活動，瞬間又長大了一些。給孩子多一點點時間，他會順勢長大一點點。

失落的父母，把這些看在眼裡，開心感動孩童成長之餘，不禁也默默失落：「果然是不需要我雞婆啊！」「孩子是不是就這樣越走越遠了？」想著一邊掉淚的父母，所在多有。

孩子每成長一步，就是踏離父母遠一步。孩子往前跨出的每一步都伴隨著成長，而父母看到的每一步都既欣慰又悵然若失。

大人過度情緒表露，影響孩子

於是總有些「忍不住」的父母，忍耐到了極限，不能繼續坐視不管，決定出手干涉。有些父母秉持理性，針對重點向老師反映，順利解決；有些父母卻把重點放在「表達大人自己的情緒」，做不適切的情緒表露，張太太屬於這種：

> 山姆參加安親班唱遊課，不小心跌倒。地板鋪有保護墊，沒什麼大礙。張太太看到，脫口而出對老師說：「你沒看到我孩子跌倒啊？」「你也有注意其他小朋友，怎麼沒注意到我們家小孩？」「你有沒有認真關心我小孩啊？」

攻擊性的情緒語言，其實在表達張太太內心「我很關心山姆耶！沒人比我更愛他、更關心他！」「看他這樣我很心疼、很難過、緊張到快哭出來！」「我緊盯著他一舉一動，走到哪、跟到哪。老師你能不能像我一樣用心看顧我的寶貝？」

這表達與其說重點在山姆，不如說張太太誤將重點放在自己的感受上。原來張太太與公婆同住，壓力很大。為了孩子，投注全部心力與時間。用心良苦，張太太覺得先生跟公婆都不了解，常說管太多、太嚴厲，讓自己這個做媽媽的為難。這種無助感、不被了解的心，在山姆跌倒剎那被重新點燃，接著被「老師沒有立刻發現」所引爆。說到底，這是張太太自己的困難，跟山姆跌在軟墊上沒有直接關係。

過度情緒表露，容易因攻擊性言語與老師樹敵。無法合理解決問題不說，山姆也耳濡目染學會「高情緒表露」的行為模式。

破解之道：大人能不能看到自己既定的行為模式，加以調整。情緒表露本身是合理的，只不過方法要適切、傳遞的訊息要明確，讓對方清楚了解。不只是孩童的情緒需要被人照顧，大人的情緒也是。若父母的心能平靜下來，奇妙的事將會發生，孩童也會平靜。

如何引導孩子融入新環境

關於拒學、哭鬧，另有方式可供參考：

★協助孩子熟悉環境

任何人到新環境需要適應，幼童更是如此。利用短期陪伴，帶孩子到校園，課餘時間多走幾遍，吃些點心，跟老師聊天時讓孩子陪在身旁，能增加孩童對環境的正向熟悉感。

★檢查上學途徑的細節

幼兒對陌生環境害怕是天生保護機制：怕找不到娃娃車位子坐、司機叔叔

有些孩子上學哭不停，需要較長時間適應。

看起來很兇、怕被娃娃車甩出車外（電視新聞確實曾報導過）、不知道娃娃車的班次及排隊順序（有時先排隊的可先選位子），任何小細節都可能造成孩童產生疑惑。疑惑會因某次不良印象（如娃娃車坐到一個髒污的椅子）強化，想法越固著，排斥越大。

大人看來無關緊要，孩子卻因此不想上學。適當澄清，孩子反而接受度增加；大人視而不見，孩子因覺不受重視而加強負向觀感。

★評估生理需求

按照正常生理，吃完早餐後腸胃蠕動增加，引起便意。孩子吃完早餐，收拾好正準備等娃娃車時開始「肚子痛」——其實是準備排便。若這時大號，娃娃車隨時會來，不然就要讓娃娃車全車老師同學等自己大號，很丟臉；若忍到幼稚園，又不想在學校大號，最後忍到放學。

孩子搞不清楚「飯後肚子痛想大便」不是生病，是正常生理反應。由於不了解，只能選擇「不敢吃早餐，以免肚子痛」、「肚子痛就不要上學，不然很丟臉，全車都要等自己」、「不想在學校廁所嗯嗯，乾脆不去上學」。

解決之道：提早半小時起床作息，等順利解便後再從容等待娃娃車，孩子較不緊張。適當解決孩童生理需求，能化解很多困難。

★提供習慣的行為模式

有的孩子會在刻板習慣中獲得安全感：起床、盥洗、吃早餐、拿書包，娃娃車上的特定座位。若孩子有這種特質，不妨在適應初期提供固定習慣。先讓孩子不排斥上學，再逐步學習彈性適應環境。

★送孩子上學，不是趕孩子上學

有些孩童很敏感，知道父母也趕時間上班，潛意識覺得自己是被趕去上學，而不是因為上學很重要。若抗拒上學，父母因覺得耽誤上班而發脾氣，孩子反而更鬧彆扭。針對這種狀況，不妨將時間提早，避免父母趕時間而「趕孩子上學」的氣氛。

★終止惡性循環，頭過身體過

拒學哭鬧很多是由於惡性循環，逐步演變才變成現況。重點在於中斷這種循環，而不是將來永遠要提早起床、耗費時間。孩子熟悉環境後會逐漸融入團體，父母可調回原來作息，不必時時緊繃。頭過身體過，不必擔心「以後每天六點起床，那怎麼行？」只要投注適當時間成本，將孩童上學的行為模式略做調整，等改善之後就能恢復原本作息。

貼心小提醒

學習充滿挑戰跟挫折，但孩子有自我適應能力。家長幫一把，避免過度焦慮，往往孩子能順利適應校園生活。

5 全家吃飯最溫馨，別把餐桌當戰場

挑食又偏食，吃飯配電視，跑來跑去追著餵，孩子為什麼就不能乖乖吃飯？

家長拿食物要餵，孩子盯著餐桌上的平板電腦，有一搭沒一搭張口，甚至含著飯不咬不吞，全神貫注在遊戲裡頭……

孩童從嬰兒時期用「吃」與母親建立關係。母親哺育嬰兒的餵食行為，會進一步深化母嬰關係，是將來孩童身心發展的重要基礎。由於嬰兒毫無自我控制能力，只會以哭泣來模糊表達，所以父母只能盡全力滿足其一切需求。這階段嬰兒的內在世界一片混沌，談不上「教育」。

等到嬰兒長大成孩童，開始跟外在世界產生更多連結，逐步將想像與現實連結，這時家長開始訓練孩童關於生活中的基本規則：「吃喝拉撒、定時定量。」

什麼時候才是訓練的時機呢？要早早做準備訓練，還是順其自然？有家長堅持兩三個月大就開始訓練半夜減少餵奶，甚至不餵，藉以促進睡眠；也有親餵哺乳的媽媽選擇自然斷奶，斷奶前採較自由方式。

孩童早期的哺食經驗會影響之後上飯桌照規矩吃飯的模式。早早訓練的，長大或許比較好餵；自然漸進的，長大發生挑食拒食的也不少，目前並無定論。

吃飯問題多，不是狠下心腸能解決的

孩子飲食上常見的問題有：

- **挑食**：堅決不吃某些食物。家長擔心營養失衡，要求孩童吃下，屢遭抗拒。例如蔬菜或具苦味的食物。
- **拒食**：不吃飯、吃一點就飽。怕孩子瘦巴巴、這個不吃那個不吃，家裡長輩叨念。孩子不吃，形同增加父母心理負擔。
- **吃飯拖拖拉拉**：吃飯三催四請，或藉機要求玩手機、看卡通。吃飯時間拖越長，反而可玩更久電玩遊戲，變相鼓勵孩童拖拖拉拉。

吃飯很重要，又是每日例行作業，有時孩子的拒食、挑食甚至演變成親子角力：「若你不答應我的要求，我就絕食抗議！」父母擔心孩子餓著，卻又不希望寵溺過度，每每在餐桌上拔河，想著也累。

「只要孩子肚子餓就會吃，會挑食、拒食是被寵壞！」有人會這麼說。食物擺在餐桌上，規定時間一到就收冰箱，沒有第二次機會、也沒有零食可吃，即使孩童飢餓哭鬧也不心軟。這是透過嚴格的訓練方式來解決挑食問題。

但事情沒有想像中簡單，這不是「能不能狠下心腸」的問題。想改變現況解決問題，勢必要投注更多心力，絕非斬釘截鐵、說一不二就立刻解決。期待用鐵腕手段、立竿見影解決問題的，通常是為了顯示權威，最後往往失敗收場。

以「孩子不肯吃胡蘿蔔」為例，父母需要投注的包括時間成本、溝通成本和情緒成本。

時間成本：教養不能求速效，需投入時間與心力

如果孩子不肯吃胡蘿蔔，強硬手段可能效果有限，必須投注時間改變。

• **花時間變化樣**：孩子不吃胡蘿蔔，父母需花費時間增加烹飪變化，以造型或配色增進食用興趣。這仰賴負責烹飪的家長，另外花時間找資料、花時間學、花時間煮，失敗了還要花時間再接再厲。這是需要投注額外時間成本的大工程。

• **花時間自己煮**：父母常常為了節省時間，購買過度調味的外食，養成偏食習慣。如果有時間自己煮當然最好，但情非得已購買外食時，也要挑選著重天然、少人工調

孩子挑食，需費功夫投注時間／溝通／情緒成本，
改變挑食習慣。

味的食品。

- **花時間管教**：父母常常為了方便，把平板電腦當成「電子保母」安撫孩童哭鬧，造成過度沉迷，為了電玩連飯都不吃。
- **溝通費時費力，打罵求速效**：父母常常因為懶得花時間「盯」，就改用催的、罵的。短暫收到效果，但往往很快就失效。想想看：苦口婆心叨念需花十分鐘，疾言厲色只要花數秒，孩子就乖乖扒飯。暫時是這樣，但孩子學到的是：我多挨一句罵，可多看半分鐘卡通。只要我撐得住，變牛皮些，就能多看十分鐘，怎麼都划算！於是孩子越來越禁得住罵，家長變得「越罵越兇」才能得到斥喝效果。孩子以靜制動，越罵皮越厚，最後累垮的是家長。照這邏輯，用催的、罵的根本不划算。

以上細節在在說明，重新投注時間成本，才能慢慢改正過去因為省時、貪方便而埋下的挑食遠因。

溝通成本：長輩多意見多，單打獨鬥不容易

要重新訓練飲食習慣，規則先跟家中其他大人溝通，沒獲得全家支持當然容易失敗。很多媽媽原本已經很多委屈，發生問題又想「自己來」，認為不需要跟其他人解釋，「自己的孩子自己帶」！

同住的大人越多，需事先溝通的對象越多。

★跟配偶溝通

很多孩童問題來自「父母意見不一致」：爸爸回家當好人，帶零食、買玩具，媽媽在旁看得氣苦。懶得向丈夫解釋自己的規劃，自顧自硬幹，勉強孩子去做，最後孩子當然依照享樂主義驅使，偏向爸爸那邊。

配偶溝通是成功教養的基石，彼此的矛盾與溝通不良會在孩子教養上變成引爆點。家長情緒與配偶間的緊繃，孩子雖不明白，但能感受到氣氛。

這種氛圍會形成壓力轉嫁到孩子身上，孩子感到情緒窘迫而易發脾氣。家長覺得孩子變不乖，於是更嚴厲，形成惡性循環，越演越烈。

★跟長輩或鄰舍溝通

孩童是享樂主義，只想吃「自己喜愛吃的」。孩子餓了、氣了半夜就要鬧，放聲大哭，家中長輩、左右鄰舍的無形壓力如影隨形。為了因應教養壓力，平時應該跟家中長輩或左鄰右舍多多溝通，避免對方過度干涉自己的教養方式。不然旁人來湊一腳，人前人後說這媳婦「怎麼那麼狠，不讓孩子吃東西，每天半夜哭成這樣」，閒言閒語讓家長裡外不是人，冤枉受悶氣，最後終於屈服，孩子戰勝家長意志力，均衡飲食計畫功虧一簣。

情緒成本：學習自我心理調適，包容孩子情緒

親子鬥智鬥氣，要沉住氣不簡單，忍到內傷的父母也很多。出於善意，但還是不忍看孩子一把鼻涕一把眼淚，所以要忍傷心、忍心疼；孩子無理取鬧，自己就得忍怒氣、忍焦躁。這是需要內化和解的「情緒成本」。

★包容孩子的情緒

父母無時無刻容納孩子的各種情緒：因為孩童不具備「自我調適情緒」的能力，各種情緒毫不保留向外丟出，首當其衝是身邊父母。我們很容易感染孩子的快樂情緒，孩子不愉快時我們也很快發現。不要忘了：父母們有自己身上的各種來自於工作、社交互動、經濟等壓力所產生好的與不好的情緒。

★調適自己的情緒

一方面父母在努力討生活下心理自我調適，另一方面要容納孩子各種情緒，這非常不容易。自古皆然，不代表這是人人能承擔的重擔。相反地，許多民眾產生情緒調適障礙，繼發憂鬱、焦慮等症狀，前來門診求治。

情緒調適有其竅門，一般人在引導下都能有系統地學習，這是心理諮商領域的功夫，要投注時間成本學習。功夫練好了，不單自己獲得幫助，還能加大涵容孩子的負面情緒。順勢而為，將這種能力透過行動傳遞給孩子，讓他們逐漸學會情緒自我省察與調適能力。

將這種能力比喻為「情緒資產」，心理調適的功夫越深厚，資產越大。遇到花費情緒成本的事件，能較有餘裕「調頭寸」。

舉個實務上的例子：心理醫師的情緒資產其實有限，如果心理治療的個案太多、病況太複雜，心理醫師要承接負面情緒的「情緒成本」會大大增加。如果情緒資產入不敷出，長期下來心理醫師自己也要去找另一個心理醫師「治療」。同樣的道理，如果父母的情緒資產能逐漸累積，面對孩子各種突發狀況、好的與壞的、學校的家裡的、突如其來的，在在耗費情緒成本，「底夠厚」才能從容應對。如果情緒成本耗費過高，入不敷出，當然要趕快找心理醫師討教討教，累積自己的情緒資產。

貼心小提醒

大部分孩童都能慢慢上軌道，飲食正常、發育良好。況且成人自己也有飲食偏好，不足為奇。但完全放任，恐造成營養缺失。其中拿捏，家長們需有共識。產生問題就要評估現況，投注成本，才能借力使力，遊刃有餘。若強硬逼迫或以情緒威脅，即使短暫有效，但易衍生不良習慣，埋下行為問題種子，得不償失。

6 又尿床了，千萬記得半夜不要罵小孩

戒了尿布卻又尿床，白天常常跑廁所，是故意、不小心，還是心裡有壓力？

五歲的小花在暖暖的被窩裡睡得香甜。半夜突然醒來，發現一切不對勁。手一摸，又尿床了！爸爸媽媽還在睡覺，不敢吵他們，又怕被罵，急著就哭了……

「吃、喝、拉、撒」是小孩成長過程中訓練的重要部分，上篇說吃飯挑食，現在談談「拉、撒」。孩童白天時候的大小便控制並無嚴格年齡標準，大約在一歲半到三歲之間逐漸成熟。除控制大小便的肌肉需發育成熟，還要搭配腦部及認知功能發育：

- **能聽得懂大人指示：**大腦語言區成熟到聽懂父母的口令指示。若聽不懂，遑論依指示訓練如廁。

- **能找到廁所：**方向感要清楚找廁所，認識廁所馬桶等。許多父母使用兒童專用馬桶，降低「找廁所」門檻。
- **會使用便盆：**兒童馬桶有其使用方式。孩子要學會使用這項物品，才能訓練如廁習慣。
- **自行處理乾淨：**認知功能發展到執行個人衛生，如衛生紙擦拭、清潔洗手等。一連串行為訓練由淺而深，若認知發展在任何一環有障礙，就會在「如廁事件」出現瑕疵。

身心都準備好了，戒尿布事半功倍

最初訓練幼兒「想上就要講」，及時

訓練如廁，孩子需先具備基本能力。倘若孩子蹲不下去，腳容易麻，則易排斥蹲式馬桶。

掌握便意、尿意，請求大人協助。注意到了嗎？最初發展就跟大人產生連結，大人們對於「上廁所」的態度，在早期對幼兒產生影響。幼兒明明出門前尿過，結果出門五分鐘，還沒走到停車場，小朋友就說：「我想尿尿。」這時該讓他尿還是不該？這時你會：

1 氣急敗壞罵他後，要他忍一忍？
2 千萬憋不得，褲子一拉，大庭廣眾當場解決？
3 包尿布萬無一失，忍不住就尿上頭，之後再找時間換？

除了採取方式外，還跟情境相關：

- **地點**：在家附近或熟悉地點，上廁所較方便。若出遠門甚至出國，父母要找廁所較不方便，人生地不熟、壓力也較大，常會影響對幼兒的如廁要求。例如，比平常更要求「趁有餐廳或休息站，不想尿也要尿，以免臨時找不到廁所」。

不同文化間的如廁習慣可能造成孩童混淆。左右哪邊是男廁女廁呢？大人理所當然，孩子卻可能迷惑。

- **照顧者：**父母一起出動，隨身包裡一應俱全。今天爸爸一個人、兩手空空帶出門，是不是會採取不同的如廁應對？例如，找不到廁所，爸爸隨性要小男生在草叢就地方便。不一樣的如廁標準，可能讓孩子產生疑惑。
- **異地文化：**若平常國情是就地方便，今到異地出遊，依然故我。結果旁人指指點點，鬧上新聞，這會不會影響如廁訓練？
- **生理疾病：**若今天是吃壞肚子或水土不服，是不是造成大人態度轉變？意思是說：大人對訓練日常如廁較嚴格，但若是肚子痛或拉肚子，大人常會較寬容。注意：軟便、稀便不一定等於「生病」，但大人無從判別，所以採取寬容是合理的。但對孩子來說，他搞不清楚為什麼父母有時嚴厲、有時寬容。

• **情緒壓力**：孩子說要尿，急忙找合適地方準備準備，結果一滴都尿不出來。是緊張？還是孩童害怕出門（如看醫生打針）所以產生尿意？幾次以後，會不會影響家長態度？孩童真有尿意，但是因緊張而產生的。父母只看到尿不出來，覺得孩童「不是真的想尿」。既不給上廁所，又不安撫緊張，孩童只能潛意識裡用「真尿在褲子」來扭轉大人的態度。

排列組合下，情況千變萬化。因此不會有非照做不可的訓練金科玉律。大部分幼兒都能順利成長，學會自我控制。家長態度跟幼兒如廁習慣密不可分，不需僵化採取「百依百順」或「嚴格訓練」。在如廁訓練中會培養出孩童的後天個性。少數例外如膀胱、神經等生理發育障礙，只要適時就醫諮詢，採必要治療就能改善。

尿床難免，事前先防範

幼兒難自行控制熟睡時會不會尿床，儘管白天如廁情形已逐步上軌道，但睡著什麼都不知道。有時候忍得過，但睡眠時意志力無法掌控，因此刻意訓練、格外困難。如要降低尿床機率，父母可採以下方式：

- **睡前少喝水：**睡前喝水易半夜尿脹，當天飲食也可能導致利尿作用，最直接的方法就是睡前少喝水。
- **睡前上廁所：**孩童玩累提早

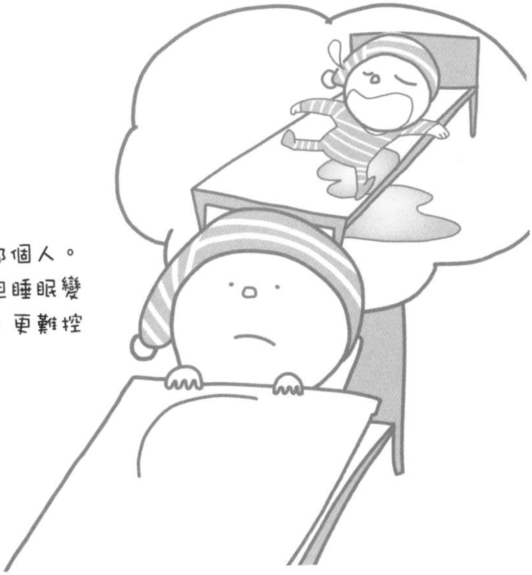

孩子是最不想尿床的那個人。若進入惡性循環，不但睡眠變差，夜裡尿意也增加，更難控制尿床。

睡著，記得在就寢時間帶去上廁所。例如晚上六點倒頭就睡，晚上九點帶起來上廁所。作息固定的孩童，養成就寢前上廁所習慣。

- **床邊準備尿壺、便盆備用：**孩童有各種原因半夜不想起來上廁所：睡太熟、很睏想忍一下，夢中不知不覺尿出來；冬天很冷不想下床；沒開燈一個人起來尿尿很恐怖；晚上黑黑的廁所很可怕。各式各樣理由造成孩童不想起來。備用尿壺、便盆可減少這個狀況。
- **嘗試包尿布，減少孩童對尿床的恐懼：**一直用尿布會不會造成更頻繁尿床？基本上，孩子是最不想尿床的那個人，不會故意包著濕臭的尿布睡到天亮。

不小心尿床，該怎麼處理

關於尿床，更重要的是父母對「尿床」的反應：如果每次發生，父母就生氣大聲斥責，易影響幼兒對尿床印象，產生負向心理反應，過度恐懼反而更易尿床。從父母的角度來說，半夜睡得正熟，因孩童尿床而必須下床收拾，很難保持好心情。預先準備能減少尿床連帶的困擾：

- **常備替換用床單，以備不時之需：**半夜翻箱倒櫃找出床單重新鋪過、弄髒的要拆下清洗，相當耗神。平時先準備好，減少半夜起床所耗費的時間精力，讓事情順利許多。
- **讓孩童參與善後：**換下的床單可教導孩童用洗衣機或水桶浸泡，提高孩童參與度，培養孩童負責任習慣，減少其愧疚感：讓孩子知道，就算無法阻止尿床，至少能「做些什麼」加減彌補。
- **半夜不是教養好時機：**大人們自己平常應先調適心情，勿因單一尿床事件全盤否定孩童。就算早上才提點過，當半夜尿床而全家動員時，大人跟小孩又睏又累，再有道理，半夜實在不是教養的好時機。先把該收拾的如棉被、床單收好，其他等天亮後再說。
父母儘管有再好理由說教，在起床氣影響下，都可能以「義正詞嚴」為表面理由，實為變相對幼兒的情緒發洩。大人小孩精神不濟，家長應盡力避免越罵越起勁、口不擇言，甚至動手。
- **父母本身的情緒是重點：**大部分父母知道孩童尿床非出於自願，無意苛責，但就是忍不住發脾氣，會這樣通常是由於父母本身情緒導致。

文章開頭的小花媽媽一直希望先生多花點時間教小孩，不要只是陪小花玩。自己整天操心這、操心那，還被先生指責「管太多」。小花半夜尿床，先生催促媽媽趕快下床收拾，他自己轉過身繼續呼呼大睡。「我明天也要上班啊！要上班的又不是只有你！」小花媽媽一邊收拾、一邊心中這麼想。不願遷怒在孩子身上，內心卻充滿無力，全部收拾完後竟躲在廁所裡默默流淚。

後來小花媽媽決定先平復自己情緒，白天另外找先生溝通。改掉以前「指責先生不用心」的語氣，改用「我需要你共同協助教養小花」的合作邀請。在雙方開誠佈公後，果然情況改善，小花尿床頻率降低。

貼心小提醒

孩童行為表現往往跟父母情緒相關，「尿床」會讓大人們的互動矛盾暴露。處理問題時，誠懇針對大人間的問題溝通，才能直指問題核心，從根本解決。

7 惡夢驚哭又夢遊，情緒安撫保平安

小孩半夜哭醒，是作惡夢、白天玩太high、被欺負，還是中邪啊？

黃晶是七歲女生，最近剛上小學。這陣子她多次半夜驚醒、大聲哭鬧，怎麼安撫都沒用，隔天醒來卻完全沒印象。黃爸爸、黃媽媽憂心忡忡，家中長輩嚷著帶黃晶給師父收驚……

夜驚、夢魘、夢遊等，是孩童腦神經系統未發育完全，產生暫時性意識朦朧，通常在上國中前頻率能降到最低。常見的狀況包括：

- **夜驚**：半夜彷彿受驚嚇大哭、臉色漲紅、呼吸急促。平常乖巧的小孩也可能發生，經大人安撫仍無法平靜。
- **夢遊**：雙眼睜開，對叫喚沒反應，自顧自行走彷彿醒著，實際上大腦仍在睡眠狀態，隔天早上也沒印象。

- **夢魘**：作惡夢，醒後有意識，對夢境有記憶且感恐怖，會哭叫不敢入睡。

日有所思，夜有所夢

孩童不是大人的縮小版，在發育過程中，大腦比想像所需更長時間成熟。在睡夢中，大腦並非完全停機，而是在進行資料重整，將白天接收到的資訊稍做整理，不重要的就加以「遺忘」。

「日有所思夜有所夢」，白天經歷到的事會成為夢境素材。我們內在想法、期待的、害怕的，也可能化作夢境。尤其孩童對現實或想像的界線不清，例如：對童話世界深信不疑，或對超人、魔鬼電影情節感受身歷其境。白天接觸令他們害怕的影像，晚上就可能作惡夢。

類似的恐懼很多，有些父母認為「這有什麼好怕的？」予以忽略，反加深孩童恐懼。對幼兒來說，遊樂場裡工作人員扮演的可愛卡通人物都能是恐懼來源，更何況是表情兇惡、發出怪異吼聲的造型怪獸。為了減少這些困擾，父母可以針對以下幾點防範：

- **慎選新聞節目時段**。避免災難、意外新聞，連帶的血腥、暴力畫面恐造成孩童恐懼。
- **注意影視分級、慎選電影題材**。即使是普遍級，但全片機器人打來打去，加上漆黑影院的音效震耳欲聾，造成恐怖印象。
- **靈異故事應適可而止**。手持燭光講鬼故事極具戲劇效果，搭配刻意嚇人更有捉弄的娛樂張力。但應適可而止，避

電視電影裡頭的情節可能幻化為惡夢的材料，讓想像力豐富的孩童不敢入睡。

免造成孩童內心恐懼。

- **童話或廟會也有恐怖題材。**民間故事結合宗教情節，包括地獄、死後世界的殘酷刑罰、七爺八爺民俗遊街、高大陣頭鬼差等，恐幻化成夢中想像。孩童宜保持適當距離，隨年紀增長再加深接觸。

面對夢魘，重要原則是「適時傾聽」。大人試著從孩童的角度去理解他們的恐懼，即使有時很難理解。我曾聽聞：有個小孩不敢學游泳，覺得游泳池很深，即使抱著泳圈，腳踩空的感覺非常恐怖。游泳班教練用恐嚇的方式說：「你現在不快點學，將來長大當兵時若還不會游，士官長會把你直接丟下水！」結果男孩還是不敢下水，被這說法驚嚇多年，惡夢裡常出現溺水情景。

惡夢來自於深層恐懼

孩童的恐懼是求生本能，凡事皆能變成恐懼的題材，以提醒年幼無助的自己多加警覺，避免危險。例如，賣場裡玩耍的幼兒，經常回頭注意父母的位置。若沒看到父母，會快速張望四周，搜尋父母身影。萬一沒找到就著急起來、哇哇大哭。這種害怕走失的恐懼出自本能。如果孩童安全感不足，恐懼走入夢中，就會形成惡夢。

★家長的恐嚇

我常看到父母用恐懼來約束孩子。他們會說：「你再這樣我就不要你了！」「我要走囉！你要不要跟上來，還是原地繼續哭？」「我喜歡弟弟，你這樣不乖我不喜歡。」

大人本意在教導孩子，並非拋棄。但孩子聽父母這樣說，無從辨別真偽，不會理性思考。想像遭父母拋棄，整個世界全毀崩潰。孩子再怎麼抵抗，在生存威脅下也只能順從。這種恐嚇由於很好用，父母更要避免不經意地重複使用。一來邊際效果遞減，二來形成孩童深層恐懼，引發行為失常或惡夢，更難收拾。

★過去的創傷經驗

少數經歷過真正創傷經驗的孩童，也會產生惡夢。如遭遇火災或車禍意外，

家庭失和會影響整個家庭氣氛，也影響孩童心情。

重大創傷強烈影響腦部，引發後續影響。即使事發經過許久，仍不由自主在毫無預警下重新經歷當時恐怖的場景，引發恐慌、焦躁等強烈情緒。即使馬上逃離，事後仍餘悸猶存，努力迴避。例如曾在十字路口發生車禍，日後趕時間也繞道而行，避免經過原路口。

孩童會藉玩具表達內在世界，從玩具扮演的遊戲當中重現心理創傷場景。例如曾遇火災，玩動物玩偶時，遊戲故事就設定成森林大火，動物狂奔逃命，象徵性重現受傷死亡的創傷情景。

肢體或語言虐待也可能造成惡夢

孩童在長期壓力下也可能引發惡夢，例如遭受持續肢體或語言虐待。家長動輒打罵、口不擇言，用攻擊性字眼不分青紅皂白謾罵。大人情緒管控不好，孩子當然受影響。近來越來越多醫學研究顯示，語言暴力直接造成腦部受損，「越罵越笨」有其科學依據。

除了表現於外的暴力及語言虐待外，還有就是「情緒虐待」和「冷漠虐待」。

★情緒虐待

- **主要照顧者的情緒不穩定：**孩童無法根據照顧者的表情或清醒時的言語作為行動依據。常見案例：家長酗酒。清醒時笑容滿面，酒醉時六親不認，說過的不算數。即使沒對孩童施加暴力或責罵，但酒後混亂行為與不穩定情緒，對孩童有很深的影響。

- **認為孩童應為父母情緒負責**：小孩犯錯，父母若心情好，笑笑說沒關係；若心情不好，則加重懲罰，超過原本孩童犯錯所承擔的責任。又如夫妻失和，爸爸常不在家，媽媽認為是孩子不乖造成夫妻吵架。爸爸離開氣氛很差的家，媽媽過得苦，將自己情緒及責任歸咎在孩子身上。
- **將自己情緒轉移到孩子身上**：父親上班壓力大，有苦難言，無法改變現狀。孩子訴說上學遇到困難，父親回答：「你就忍下去啊！別人都能忍，為什麼你不能忍？」父親其實是在跟自我說話，告訴自己要繼續忍耐工作壓力，卻不知不覺將情緒轉移到孩子身上。

★冷漠虐待

- **刻意忽略孩童需求或表現冷漠，引發恐懼，讓孩子聽話**：未約法三章的情況下，任意威脅「我不要你了！」「你挑食，那就自己煮東西吃！」然後不理不睬。孩子因感害怕而屈服。大人之間是「冷戰」較勁，對孩童是用「冷漠」或「忽略」來操控。
- **自顧不暇，將自己的情緒封閉，對孩子狀態視而不見**：家長自己情緒極度緊綳、身心失衡，只想一個人靜一靜。雖非故意，但孩子的需求在這種情況下經常被忽略。

- **偏心一個孩子，忽略另一個：**諸多原因下，對一個孩子比較好，相對的另一個孩子就遭忽略。如過去重男輕女的觀念、自己帶的孩子比較親、或常帶老大或老么到處玩，中間的孩子反被忽略。雖然父母一視同仁供給物質條件，吃穿不缺，但在情感互動的層次上卻分配不均，讓孩童感到被忽略。

上述虐待常是上一代的不良互動影響當時年幼的父母，透過家庭文化傳遞到這代孩童身上。雖說長期壓力造成孩童各方面的影響，包括學習表現、食慾、活力，以及本篇所談到的惡夢等。然而只要父母肯用心，不再否認自己身上的問題，即使無意間對彼此造成傷害，也可在專業協助下逐漸修復。

貼心小提醒

對於夢遊孩童，可比喻類似「癲癇」，是腦部放電的狀態，不由自主行動。可採取下列措施：

1 不刻意叫醒孩子。

2 刀叉廚具妥善保管，避免誤用。

3 移除家中障礙物，避免絆倒跌傷。

4 避免睡上鋪，預防跌落。

5 門窗鎖好，防止不慎外出。

6 事後不責備。

7 發生頻繁可就醫。

8 零食誘惑難抵擋，完全禁止不如細心挑選

大家都知道零食不太好，但拿糖哄小孩，大家多開心啊！到底如何取捨？

多多跟媽媽去超級市場買菜。回家剛進門，多多就從提袋裡拿出洋芋片打開抓著吃。吃沒幾塊，媽媽把剩下的洋芋片拿走，說待會要吃飯。多多嚷著肚子餓，看沒洋芋片吃，到冰箱找牛奶喝。喝完牛奶，晚餐就吃不下了……

講到吃零食，家長對孩童吃零食又愛又恨。哪位家長不希望看到孩子心滿意足吃東西的樣子？偏偏孩子老愛吃些衛生堪慮的零食，那該怎麼辦？新聞報導對食品安全或添加物的把關，樣樣令人擔心。然而，若嚴格禁止，不單孩子抗議，身邊的其他大人也會湊一腳說：讓孩子吃一點沒關係啦。

禁與不禁，到底該怎麼拿捏呢？

合理管制，勝過強力禁絕

首先要澄清一個概念：你很難永遠禁止孩子吃零食。也許一歲以前，你從來沒給孩子吃過糖果；也許兩歲以前，孩子從來沒吃過速食漢堡、可樂飲料。但當孩子們越長越大，甚或長大到十歲、二十歲，你無法永遠禁止孩子吃零食。

既然如此，難道就完全放縱嗎？任憑孩子要吃多少就吃多少？當然不是。孩子們看到零食鐵定就往前衝，家長只能幫忙往後拉，讓他們別吃得那麼多、那麼快、那麼肆無忌憚。重要的是「在吃與不吃之間取得平衡」，依孩子年齡及實際狀況加以「管制」。

「管制」就是「規定範圍外的都可以吃」。家裡長輩要給孩子吃零食，除非你有把握「管制長輩的行動」，否則還是乖乖將「長輩給零食」劃在管制範圍外，不然會產生「奶奶讓我吃零食、媽媽不肯。以後我要吃零食就去找奶奶」的想法；應引導成「奶奶要讓我吃零食，媽媽管不到。但只要媽媽管得到的範圍，我要聽媽媽的」。「劃清界線」是教養孩童很重要的原則之一。

我們可透過零食的強烈誘因「順便培養」良好生活習慣。我看過朋友小孩因為想吃薯條，但手髒沒地方洗手，只好先忍著趕緊去找水龍頭。最後終於順利洗手，吃薯條吃得開心，也養成飯前洗手好習慣。

什麼才算是零食？

再來，要澄清「零食」的定義為何，若正餐以外都稱零食，範圍會比想像來得寬廣，管制更困難。我們將正餐以外的食物分類：

絕對吃不飽的：南瓜子、蜜餞、糖果、口香糖、巧克力。

吃不飽但容易妨礙正餐食欲的：洋芋片、餅乾（如鳳梨酥）、小包喜餅、果汁、汽水、堅果花生。

會吃飽的：炸薯條、蛋糕、含餡料的麵包、甜甜圈、牛奶、調味乳、水果。

按此分類，目的是讓孩子不因零食妨礙正餐，因此牛奶跟麵包、蛋糕皆包括在這定義裡。

目前國內很多孩子的早餐根本就是餡料麵包配牛奶喝，這要怎麼管制零食呢？其實國外當作「主食」的麵包，通常只有麵團直接發酵，不添加餡料或雞蛋奶油，包括土司、雜糧麵包等。其餘包含甜奶油、熱狗、肉鬆、酥皮或高比例奶油餡料的稱做「甜點」，是配茶、咖啡或當下午茶點心吃的。把甜點當正餐，孩子當然容易混淆零食與正餐的差別。

這立即遇到管制的困難：非用餐時段，孩子吵肚子餓，該不該給他吃蛋糕、喝牛奶

孩子想吃零食天經地義，父母應慎選種類，避免過度失衡。

呢？許多家長對此根本無法管制，無形之中就養成吃零食習慣。

依據這個分類的管制，就是要「零食定時定量」，尤其針對會吃飽的食物。要喝牛奶？可以，但不是放一大罐在冰箱，要喝多少盡量倒。若家長認為孩子想喝多少牛奶都沒關係，既然已經這樣決定，那也無妨。只是孩子因牛奶喝太多吃不下飯時，不要過度責怪他們，因為這是當初父母決定「准許牛奶喝到飽」時，就已經會預見的後果，孩子充其量只承擔部分責任。

選擇「好」的零食

我們試著用另一種分類，依據食品添加物多寡來區分：

- **添加物多的：**保存期長的、工廠大量製造、看不到食物原本樣貌的食物。包括洋芋片、鋁箔包裝零食、糖果、汽水等。保存期限大多半年以上。
- **添加物較少：**堅果花生、南瓜子、保久乳、鋁箔包濃縮果汁。較容易看到食物原形。保存期限可能數週到數個月。

- **保存期限短的：**牛奶、現打果汁、麵包店所販售的麵包、蛋糕。保存期限大多在兩天之內。

這麼區分主要是衛生安全考量。能夠保存越久的、越是工廠大量製造的、越看不到食物原形的，可能添加越多食品添加物。家長可參考包裝說明，看看食品成分裡有多少添加物。有的洋芋片添加物多到二十種以上，不可不慎。

食物本質是越新鮮越好、越少加工越好、越天然越好。不要被包裝上的衛生標章迷惑，那些只是食品安全的「最低標準」，完全無法跟新鮮食品相比。

依據這個分類的管制，就是要做到：

- **慎選食物：**購買前應看清食品成分標示，越人工化的食物，添加的色素、成形劑、調味料越多。
- **教導孩子認識食品添加物：**用孩子能理解的語言，告訴他們慎選食物的重要性，教導認識食品標示內容，培養健康概念，讓他們自己學習挑選好的食物，包括零食。

- **提倡親自手工製作烤餅乾或甜點**：自製點心更加健康美味，也能賦予更多親子互動，讓孩子參與製作、提升興趣，增加對點心的滿足感，更體會家長的創意與愛心。

此外，不是自己買的，家裡「自動」出現的零食怎麼辦？親友婚嫁的喜餅、中秋節月餅禮盒等。為了不讓孩子吃零食而將食品丟棄，未免矯枉過正。這時要想：你會讓孩子吃月餅當正餐嗎？既然不會，那麼就歸類在分類一的零食部分管制，以「零食定時定量」為主。

「挑來挑去快沒東西吃了！」這點出了目前的普遍現況：國人長期忽略日常飲食習慣，外食過度盛行，缺乏健康飲食觀念。隨意解決三餐，拿夜市小吃當正餐的，所在多有。孩子有樣學樣，自然亂吃。其實零食就是食品的一種，只要成分沒有健康顧慮，吃多也就罷了。還是那句老話：「你無法永遠禁止孩子吃零食。」

吃零食也可以有教育意義

管制零食還有其他建議，可嘗試下列幾點：

- **盡量購買小包裝零食，避免購買大分量大包裝：**孩子看到家庭號洋芋片那麼大包，當然想吃到飽。既然零食偶一為之，當然越少越好。孩子看到整包零食已經吃完，也較心甘情願。
- **沒吃完的餅乾要預先收好：**整條餅乾幾十片，孩子只吃到兩片，其他的眼睜睜被收到櫃子裡，孩子能做的就是不停吵鬧，嚷著吃更多。吵到了，只會變相激勵孩子更用力吵，直到全部吃完為止。
- **準備點心、零食的專用餐具：**讓孩子使用專屬餐具一舉數得：比如，孩子較珍惜自己的餐具，訓練清洗餐具也較甘願；甜點專用餐具能提高食用點心的滿足度，間接減少食用分量；點心專用餐具用較小尺寸的杯盤，看起來很豐盛，分量卻不多，減少多餘熱量攝取。

- **注意擺盤，重新切塊：**孩子吃點心，擺盤能讓視覺上看起來更豐富，還能用切塊方式，間接減少分量。一片蛋糕可分切成小塊，擺起來好看，感覺分量較多。重新切塊可避免孩童執著於「今天要吃幾塊」。利用專屬餐具告訴孩童「每次零食就吃一份，盤子裡裝的一份」，避免孩童討價還價說「我昨天吃三塊餅乾，今天怎麼只吃兩塊」。
- **將吃點心的過程儀式化：**點心是超強效的行為增強物，意思是說「家長很難忍住不用零食獎勵孩子」。因為方便有效，對於行為約束可看到立即效果，所以很多家長用零食當作獎賞，畢竟能抗拒巧克力誘惑的孩童不多。既然要吃，那麼就盡量多「賺」些好處吧！

  規定孩子要吃薯條，首先要動手擦桌子，接著拿出專屬餐具擺好，吃東西前去廁所好好洗手，吃完把盤子洗淨收好，最後還要去浴室漱口，避免蛀牙。這些儀式化過程，主要是利用「零食點心」這個行為增強物「順便訓練生活習慣」，延長整個吃點心的過程，提高整體的豐富度，大腦滿足了，孩童就不會執意要求更多。

貼心小提醒

零食百百種，管制零食之前要先規劃好「到底哪些可以吃、哪些不能吃」。基本上點心「吃巧不吃飽」，家長在不妨礙正餐食慾、衛生顧慮及營養吸收前提下，讓孩子吃得開心，兼顧培養正確生活習慣。

PART 2

親子互動

9 我的天空在下雨，父母接納會轉晴

悶悶不樂、每天懶洋洋，難道孩子也會憂鬱？

素熙是國小三年級的男孩，家中排行老四。原本精力充沛的他，最近悶悶不樂，飯也不太吃。問他是不是心情不好，卻又說不上來。媽媽懷疑素熙是不是得了憂鬱症……

心情不好到什麼程度該去看醫生？

「憂鬱」是生活中少用的辭彙，儘管精神科門診的憂鬱症病人越來越多，大眾接受因「憂鬱症」看醫生，但若問患者「什麼叫做憂鬱」，通常都答不上來。

普遍用來表達自己憂鬱情緒的口語有：

很煩、很難過
胸口悶悶的
常掉眼淚
什麼事都提不起勁，朋友約也懶得出門
看電視也覺得沒意思
腦袋空空，經常發呆
不想吃不想動
很自責、愧疚，或認為未來沒希望、沒人幫得上忙
如果能暫時解脫該有多好

任何人都有心情不好的時候，大部分會隨時間自動改善。什麼時候需要看醫生呢？就是過了幾個禮拜心情好不起來，且症狀越來越嚴重，影響到工作生活：

想睡睡不著、想動提不起勁，精神一天比一天差。
想東想西、記憶力變差，造成工作效率下降、學生出席率降低。

容易恍神、注意力無法集中，差點出車禍或跌傷，意外頻頻。

情緒波動，常跟周遭的人吵到無法化解的程度。

想不開的念頭越來越強烈。

憂鬱症治療原理是醫學認為「情緒跟腦功能相關」。透過藥物改善腦部化學物質平衡，活化情緒中樞，改善心情，讓生活重回軌道。

孩子悶悶不樂，父母要多留意

孩童的憂鬱情形跟大人略有不同。孩童的情緒改變除上述的狀況，還可能有下列情況：

- **隨著情緒變化產生幻覺幻想：**父母聽到孩童描述想像世界，或明明沒講過的話，孩童會指證歷歷說「明明有聽過這樣的話」。
- **身體很多小毛病：**抱怨這裡癢、那裡痛，看不出明顯病灶，醫生也說沒問題。這種身體抱怨的原因可能跟情緒相關。

- **變得比以前畏縮，自信降低：**對原本不會害怕的事感到恐懼：怕黑、怕高、不敢一個人睡、很多事情不敢講。不敢嘗試新的事情，如學習新遊戲或沒吃過的食物。

由於大腦發育未成熟，孩童情緒症狀可能伴隨著非典型的神經或精神病症狀，如同上述幻覺或疼痛、搔癢等。由於孩童情緒發展先於語言發展，因此很多情緒無法完整用語言描述。大人常問不出所以然。勉強回答，可能是在逼問下硬擠出的說詞，參考度不高。這時可觀察孩子「怎麼玩」：

孩子的圖畫及創意表達裡頭，往往直接透露內心情感。

試著講故事，在故事情節中詢問：「如果你是小白兔，心情怎麼樣？」拿出動物玩具，看孩子怎麼鋪陳故事情節。用圖畫紙跟畫筆，請孩子任意塗鴉，觀察與平常繪畫的不同，包括構圖、用色與塗鴉主題。

與其直接表達，孩童更傾向於將內在世界用「表演」呈現在故事裡。自己心情不好，會在故事中安排主角心情悲傷；在塗鴉畫作裡，可能採用深顏色像黑色、棕色；描繪的故事可能將內心恐懼的事物繪畫出來。

傾聽與陪伴是最佳解藥

孩童的正常情緒本來就有時開心跟低落，不必全當疾病看待。即便是正常情緒，除口頭安撫外還可以採取以下措施：

藉由陪伴孩童繪畫，除了抒發情感，也能見證其表達內在的過程。「被看見」是情緒抒發的重要一環。

- **多陪他玩：**在遊戲過程中，孩童透過遊戲表達情緒，父母在陪伴過程中擔任「見證者」角色，孩童認為被了解，將會恢復平靜。情緒的「表達」本身，往往比「解決壞心情」重要。
- **給予口頭保證：**孩童許多情緒是來自不安全感。對環境保持警戒是求生本能，不需全盤否定。父母對於這些不安全感的理解與接納，能協助孩童穩定情緒。
- **共同承接壞心情：**家長可全盤接受孩童的負面情緒，但很難全盤接受伴隨而來的行為，包括過度哭鬧、破壞、搗蛋等。可跟孩童約定「安全空間」，在固定時段裡孩童可在這安全空間（一個房間或場所）裡充分表達情緒，家長在合理範圍內，以「陪伴但不干涉」為原則，以包容心態與孩子共同承接壞心情，而不是急著消滅壞心情，變回好心情。這在心理學術語上稱做「涵容」（contain），是抽象但重要的療癒力量。

評估孩童情緒時，最大的盲點來自於家長自己的情緒。若沒主動探查自己的情緒，就像戴著有色眼鏡看世界，很難看到事情原貌。最前面故事裡的素熙，媽媽擔心他憂鬱症，其實是因為媽媽自己最近準備跟第二任丈夫離婚，恰巧跟第一任丈夫生的三個小孩最近回外婆家住，家中一片混亂，連帶影響到素熙原本穩定的生活，造成心情波動。素熙媽媽跟第二任丈夫吵吵鬧鬧、自顧不暇，同時將情緒帶回家中，無心料理三餐，也沒勤快幫素熙看功課。素熙似懂非懂感受到不平靜的氣氛。

素熙媽媽否認需要額外協助，覺得自己沒問題，反正離婚手續辦一辦就可解決。帶孩子來看醫生時，期待單純處理素熙情緒就好。直到後來轉介社工協助，提供相關社會資源，素熙媽媽才承認自己情緒影響工作，造成家庭經濟捉襟見肘。社工適時介入彷彿及時雨，同時給予對法律資訊陌生的媽媽，提供監護權等法律概念，素熙媽媽終於展開笑靨，願意接受進一步諮商治療。

貼心小提醒

國人對於情緒表達不若西方人直接坦率，語言表達情緒的層次較平板，因此大人與孩童都需要不斷學習情緒、練習跟自己的情緒和諧相處。情緒其實是種心靈狀態，「好的情緒」、「壞的情緒」都需要被接納，而不是「只想永遠保持好心情」、「盡可能避免一切負面情緒」。關於情緒，是一輩子的功夫。

10 說謊的原因千百種，測試爸媽懂不懂

天啊，這麼小就會說謊、騙人，長大怎麼辦？

媽媽最近發現黃晶會說謊，一開始是無傷大雅的童言童語，後來發現黃晶為吸引大人注意，越來越常說謊……

前陣子有種理論：「越聰明的小孩越會說謊」，這難免斷章取義。從此理論角度看，說謊所需「語言技術」確實比誠實來得高。試著想像，為了將謊言講得活靈活現，發揮應有的謊言效果，這要搭配適當時機、表情與聲調。為使謊言不被拆穿，要串起前因後果，捏造合理邏輯，同時承擔被揭穿的風險，硬著頭皮也要撐下去，以免後果不可收拾。實話實說不需要擔負任何心理壓力，見什麼講什麼，不必偽裝，相對於說謊，自然比較單純。

孩童在學習語言的過程中不斷摸索，嘗試各種可能性。有時孩童是無意間說謊，毫無「犯意」。有些早熟的孩子過早學會「善意謊言」或「個人隱私」，也

會讓家長感到苦惱。

孩子為什麼會說謊？

孩童說謊的原因有以下幾種：

- **幻想**：孩童繪聲繪影描述「熊寶貝昨天跟我說了什麼」、「昨晚我看到聖誕老公公」，或任意誇大「早上我開車載把拔回來」、「我會開飛機」。如此的童言童語，大人不以為意，也不認為說謊。這些「謊言」與事實不符，但偶爾孩童確實無法區分想像跟現實。孩童的主觀經驗「真的」跟聖誕老公公說話。
- **測試大人反應**：無聊找樂子。例如「我放屁」、「外面有人敲門」，子虛烏有，看到大人被愚弄覺得很好玩，無傷大雅。倘若情節誇張：「我的書包不見了」、「弟弟剛才從陽台掉下去」反讓大人笑不出來。
- **掩飾麻煩或更大的恐懼**：多次被同學捉弄，自己沒辦法處理，家長又逼問

「上次教你這樣跟同學說（跟老師說），最近呢？」故謊稱「對方沒有再捉弄我了」；明明想上廁所，羞於眾目睽睽舉手報告，所以對老師詢問謊稱「我現在沒有想上廁所」。

- **規避責任或處罰：**家長最在意的惡意說謊。明明拿了別人的筆卻否認、偷錢搗蛋推得一乾二淨。明知行為後果，卻為了推諉而說謊。
- **安慰他人：**為顧及他人感受的善意謊言。禮讓甜點給弟弟妹妹，說：「我吃飽了。」跌倒了怕父母擔心，說：「我沒有很痛。」

孩子說謊有各種不同動機，其中一個是推託責任。

- **想保有隱私或圖個清靜**：單純不想說。對其他小朋友有愛慕好感，卻予以否認。問今天學校有沒有事，因懶得講，敷衍說「沒事」。

說謊了，要處罰嗎？

無論什麼原因說謊，大人仍會在意。要管教孩子不再說謊，需要注意幾點：

- **專注教育重點**：要達到教化「誠實」，需將「獎勵誠實」擺在第一位。孩子打破玻璃杯、說謊否認，為了獎勵誠實就不要計較打破玻璃杯的責任。「誠實」跟「打破玻璃杯的責任」是兩碼子事，綁在一起講，很多孩子搞不清楚：明明說實話，最後得到懲罰；早知道會被處罰，當初說謊就好，還有一線機會。

- **給孩子台階下**：許多情境讓孩子不敢說實話，如孩子負責澆花、結果忘了，父母詢問時又怕被責怪。可對孩子說：「沒澆水，花會渴，你替花著想，告訴我今天花會不會渴？要不要再給它喝水？」

- **澄清事實但不當偵探：**有些事情細節永遠說不清，因此只問個大概就好。小孩打架，誰先動手通常模模糊糊，連當事人也忘了。若對無法確定的事情追根究柢，孩子只挑「對自己有利」的講，學會斷章取義，反而偏離誠實負責本質。
- **身教言教，父母一致：**父母說過的要算數、身教重於言教。父母自己沒做好、不守信，孩子有樣學樣，再教也難。

就算父母個別遵守承諾，但雙方標準不一致，從小孩觀點看來等同說謊。爸爸說集滿三個乖乖章可吃冰淇淋；媽媽說可吃零食但不能吃冰淇淋。這符合當初的個別約定，但因父母標準不同，孩子覺得受到欺騙。

為什麼父母特別在意孩子說謊？

至於家長為何如此在意孩子說謊，除了是非對錯外，還跟自己的狀態有關，這加重我們對孩子說謊的感受。例如：

★覺得自己不被孩子信任、不被尊重

孩子肯跟爸爸講、跟老師講、跟保母講，就是不跟自己講，編謊隱瞞。差點氣哭的媽媽不禁責問孩子為什麼。孩子答：「我怕被你罵。」自己豈愛罵人？還不是在乎孩子，希望從小教好，結果卻最不被信任。這種情緒排山倒海而來，媽媽自然氣苦。

★聯想遭欺瞞背叛的經驗

孩子說謊，讓媽媽聯想到昨晚孩子的爸爸晚歸，也是謊稱加班，其實溜出去應酬，跟其他女性大搞曖昧。「你跟你爸一個樣！都在騙我！」非理性聯想讓孩子承擔過多自己的情緒。

★災難性思考

對孩子表現患得患失，覺得教養需滴水不漏，「細漢偷挽瓠、大漢偷牽牛」，現在不制止說謊，長大會變成詐欺犯。災難性思考讓父母神經緊繃，反應過激。若孩子平時表現不錯，罕見說謊不必然會養成習慣。

★不能接受挫折

以「孩子被同學欺負，老師跟孩子沒辦法制止那個同學，最後孩子只好說謊沒再發生」的情況為例，家長很多時候對學校的情境其實是無能為力的。到學校警告那個同學？讓孩子不斷轉班、轉學？去責怪老師處理不周，甚至要求換老師？家長充滿挫折、無能為力，卻無法消化這種情緒，轉移到孩子身上，就對謊言特別敏感。

★覺得被孩子疏離

孩子逐漸長大，開始注重隱私，有時不為什麼，「就是不想跟父母分享」。父母一路拉拔孩子長大，該犧牲的、該捨棄的一樣沒少。面對孩子逐漸脫離臍帶，覺得自己被孩子疏離，對謊言更無法接受。

說謊是語言的一種表現，孩童在學習過程中不斷揣摩語言的各種可能性，不必然帶有惡意或犯罪企圖。家長用理性邏輯循序教導，正面鼓勵，並避免過度情緒投射，孩子在這種學習情境可潛移默化，正直誠實。

貼心小提醒

天底下沒有從來不說謊的孩子。教養重點在於了解孩子說謊的動機、造成的後果與事後反省的態度。從家庭系統結構推測孩子說謊的動機，才能有效導正偏差，減少說謊。

11 緊黏纏人顯依賴，逐步放手才能獨立

整天黏在媽媽身上，是不是爸媽太縱容，是不是應該狠一點？

大家對太黏的寶寶絕對不陌生：一直要人抱、媽媽離開就要哭、家長寸步不離、連上廁所都要開著門，免得關上門寶寶就開始哭……

教養寶寶就好似手捏陶土，你怎麼捏，將來寶寶就長成什麼樣。陶土加水可以柔化土質、避免碎裂，就像對待寶寶要溫柔似水，讓他在呵護下成長。水加太多、陶土軟趴趴，你要捏個高瓶子卻無法支撐，垮下變歪盆子；毫無節制的保護就像加太多水的陶土，讓孩子站不高、挺不直。過猶不及的愛，需要節制。

愛可以無限，但方法要對。已經添加太多水的軟爛陶土，只能給它時間自然風乾後再重新揉練、重整土質。用烈日曝曬，會結成硬塊、難再成材。已養成黏人習慣的孩子，重塑行為需投注時間、重新教化。斷然強迫，將來恐需更長時間修復。

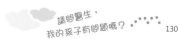

健康的依附關係，是安全感的來源

寶寶黏人跟其「依附關係」發展有關，親子間的「依附關係」是最早期的人際相處經驗：

- **寶寶會在確認安全後繼續探索世界**：寶寶在客廳發現媽媽離開，開始尋找。看到媽媽原來在廚房，覺得很放心，於是又跑開去玩。
- **寶寶向媽媽尋求安慰受挫而哭鬧**：發出聲音尋求注意，媽媽抱起來秀秀，卻沒發現寶寶是因尿濕紅疹癢，寶寶為了「加強表達」，哭得更厲害。從大人角度只看到：寶寶黏人、去抱他卻反而哭得更厲害，忽略是因為未滿足其需求。這需求可能是生理上也可能是心理上的，隨年齡而變化。
- **寶寶怕被責罵所以不動聲色**：想要媽媽陪，嗯嗯呀呀發出訊息，不耐煩的媽媽來了，用力抱起寶寶晃啊晃。寶寶繼續抗議會招來更多媽媽不滿，所以噤聲沉默。久而久之寶寶表現得很淡漠，可以自己玩，大人抱也沒什麼反應。

這幾個反應隨情境變化，交替出現。親子間長期熟悉固定模式後，寶寶養成習慣，成為將來與他人互動的基礎。

如何給孩子安全感？

每個模式有相對應的解決辦法，用以減少孩子黏人程度。若孩子是為了確認安全，就要給予安全感。由於「安全感」過於抽象，可協助將安全感具體化：

★大人短暫離開，告知確定的時間

明確的時間有助孩童心理準備，

要讓孩子聽進父母的話，而不只是照父母指示方向走。

減少不安。

明確訊息：「我離開五分鐘」、「我今天下午都會在家裡」、「明天早上十一點我要去喝喜酒」。

模糊訊息：「等我一下」、「下午若沒下雨，我可能要去銀行」、「我明天早上要出門，晚上才回來」，讓孩童誤以為「可以拗一下，媽媽就能留久一點」，反而更黏。

告知明確時間、又要守時，家長覺得壓力很大。但長期來看，寶寶適應後反而比較輕鬆。

★孩童還無法理解時鐘指針或時間概念，可用其他物品代表時間

「我離開五分鐘去上廁所」改成「你數到一百我就回來」。

「我傍晚會回家」改成「太陽下山，天黑我就回來」。

「七點我會回來」改成「播新聞的時候我會到家」。

有更多情境線索提供依據，就算幼兒口語發展沒跟上，他們眼睛會搜尋、腦袋會思考，似懂非懂下也能緩和情緒。

★出門前好好說

有人趁孩子不注意時「溜走」，以為這樣可減少「被黏」。孩子發現後悵然若失，因這只是將孩童心理上的安全需求交給他們自己消化罷了。除非孩童完全喪失記憶，否則怎不知父母離開？被迫「不動聲色」，淡化自己的反應。出門前好好說，講清楚什麼時候回來。

★說話的語氣比內容重要

先前提到「告知明確時間」，更是要溫和地說，否則斬釘截鐵的語氣，孩童只聽到「媽媽堅決地離開，一秒鐘都不肯多待陪我」，而沒聽懂「媽媽告知時間是希望我安心」。

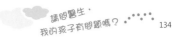

★出門前要講「我什麼時候回來」而不是講「byebye」

孩童對於「暫時離開」跟「道別」搞不清楚，因為大人用的話都是「掰掰」、「kiss bye」。試想：親友難得在家中聚會，帶著同齡小朋友來玩，最後要離開前是說「bye bye」，道別後不知下次歡聚是何年何月。對幼兒來說，一週沒見面是「很久」、一個月沒見面是「快忘記新朋友」！媽媽出門前也說「bye bye」道別，當然會反彈。大人詞語上沒注意，造成幼兒混淆，要盡量避免。

孩子只黏媽，怎麼辦？

若孩童黏人問題著重在「只黏主要照顧者」，只黏媽媽或只黏爸爸、只黏保母或只黏奶奶，對於次要照顧者強烈排斥、動輒哭鬧，可嘗試以下辦法：

★完整交代照護細節

平常媽媽在餵飯，今天換爸爸，手腳生疏、沒抓對眉角，該餵奶時跑去換尿布、該拍背卻拿玩具逗小孩。幼兒自然哭鬧要黏媽媽。交代細節，有助於幼兒適應其他照顧者。幼兒不是「太黏媽媽」，而是「不夠黏爸爸」。父母共同照顧幼兒天經地義，雙親對照護細節都應仔細了解。讓孩童「黏緊次要照顧者」，自然不會死纏主要照顧者。

★針對孩童害怕的根源處理

為避免忽略幼兒需求，父母盡力提供所需一切。幼兒依然哭鬧時要反思：也許黏人的目的不是為了要「得到」，而是「害怕失去」。孩童最怕的就是失去照顧者的關懷。下面兩個故事是很好的例子：

大女兒明明早學會走路，在家自己會走，出門卻常要爸爸抱，從小爸爸這樣寵著。等到想改變，嘗試給她換新鞋或以卡通襪子鼓勵、依然很黏，且最近變本加厲。原來弟弟剛出生，大女兒害怕失去爸爸的關注，嚷著要人抱。

大人斷然拒絕抱孩子，反而易加深大女兒「果然跟我想的一樣，只要弟弟不要我！」這時處理的主軸在大女兒非理性的被剝奪感，黏人（要人抱）只是隨後發生的連帶行為。

兩兄弟，哥哥從小由父母親自帶，弟弟保母帶。最近接弟弟回家，但弟弟害怕失去保母，所以每次回父母家都哭鬧，保母來接才恢復平靜。

若直接將保母「隔離」，弟弟反而更抗拒。這時處理的主軸是「主要照顧者跟次要照顧者之間的轉銜」。

★增加與次要照顧者的相處時間

孩子特別黏主要照顧者是因為對次要照顧者不夠熟悉，最直接方式是「增加相處時間」。父母早出晚歸或因工作忙碌，將幼兒給爺爺奶奶或保母帶，自己跟孩子相處的時間不夠，幼兒自然特別黏主要照顧者。

★讓孩子增加熟悉感

利用有父母味道的毛巾讓孩子熟悉氣味，類似的有照片、影像，或現在流行的視訊通話等。如果作息模式是「平日孩子待奶奶家（或保母家），週末直接將孩子接回父母家」，最好先讓原主要照護者多陪伴孩子一起回家，讓孩子熟悉父母家的擺設環境，之後再減少主要照護者陪同回家的頻率。

過於忙碌的父母有時扮演「空降部隊」，打亂主要照顧者的教養節奏。最好事先溝通，避免不一致。

★豐富肢體語言

次要照顧者若希望讓孩子「黏上來」，可多提供「表情線索」，跟孩子互動時用豐富肢體語言、增加表情及語調起伏，讓孩子易於辨認。很多次要照顧者接手時，遇到孩童怕生哭泣，當下手足無措，不知不覺板起臉孔，造成孩童懼怕。用更豐富肢體語言表達，讓孩童覺得「很好玩」、「很有反應」，有助於照顧者之間的角色轉移。可參考有經驗的幼兒園老師，他們帶新生時會用肢體語言表達歡迎，加快孩童熟悉感，盡快讓小朋友「黏上來」。

★重新調整家庭角色

前述「主要」與「次要」照顧者，是針對「現實情況」分析，而不是依據父母的期待。這用兩個例子來說明：

一位工作忙碌的母親，最勉強只有時間帶老大，老二只能交給保母帶。就時間分配上來說，老二一週七天有五天都在保母家，分析上「保母就是主要照顧者」。但這位媽媽由於愧疚把老二丟在別人家養，心裡認為「我才是你媽，你怎麼那麼大還搞不清楚？」不恰當地轉移自己的情緒到老二身上。媽媽認為「自己才是主要照顧者」，卻忽略這是自己非理性期待，而不是根據現實情況。

一位工作忙碌的父親，平常是母親帶小孩。爸爸老以為「親子相處重質不重量」，每逢假日拿玩具零食討好小孩。很明顯地，媽媽是主要照顧者。當這位爸爸發現孩子跟自己不親近，覺得不滿又失望，想說：「我才是一家之主，我才是最重要的決定者。」抱持這種錯誤觀念，拒絕從孩子角度思考。最後孩子慢慢長大，親子衝突越來越多。如果要重新調整家庭角色，需拋開原有的想像，務實地投注時間與孩子相處。

★被孤立的主要照顧者

特色是「周遭的人不會被小孩黏人所困擾」及「次要照顧者功能不彰」。

孩子只黏媽媽、只肯讓媽媽餵，爸爸要餵也沒辦法。初期爸爸想，「反正叫媽媽餵就好了」，樂得輕鬆，不覺得困擾；而媽媽想，「我餵比較快」，於是也認同爸爸，經常看不下去就接手過來自己餵。

久而久之，主要照顧者形同被孤立，精力很快被消磨光，旁人（次要照顧者）卻無法接手。當孩子養成依賴習慣，會非黏著媽媽不可。在外跟

父母要避免過度心理投射：自己想減重卻要求孩子控制飲食；自己情緒不佳就認為孩子很憂鬱。

其他小朋友相處沒異狀，回家對媽媽「情緒依賴」卻很強烈，持續到成年就變成「媽寶」。

主要照顧者長期處在被孤立的狀況下，不知不覺過度投注在孩子身上，例如：出差幾天，短暫跟小孩分隔兩地就落淚等。長年持續下去，會埋下「空巢期過度失落」遠因，與「媽寶孩子」形成彼此惡性的情緒依賴。

貼心小提醒

要革除孩子黏人習慣，需要投注額外精力，包括時間成本、溝通成本、情緒成本，從家庭結構上調整，讓主要次要照顧者順利協調銜接。只靠一人解決易事倍功半、加重孩子黏人遠因，長期造成情緒依賴、變成媽寶。

除了對事情及行為負責，更重要的是能夠「替自己的情緒負責」。任何一種情緒都是外在行為衍生的心理狀態，喜怒哀樂無所謂好壞對錯。但無論是哪種情緒，都不能「任意牽拖到他人身上」，應該「自己替自己的情緒負責」。若一個人動輒心想：「都是你害我那麼生氣」、「都是你讓我那麼難過」、「我會這樣都是你造成的！」在情緒上無法獨立，挫折忍受度低，久而久之就傾向於逃避。這種「情緒媽寶」只要找到可以推託情緒的對象就會立刻黏上去，若對象是父母，就總是依附在父母的保護下，把自己的責任推到父母身上，永遠沒有獨立的一天。

Column 「媽寶」是怎麼形成的？

所謂的「媽寶」，是指「凡事都要問過媽媽意見才能做決定的成年男性」。這個族群特徵是「沒主見、沒自信、需要完全的包容、傾向於逃避責任、情緒上的心理界線模糊」。有些成年男性要換工作、要辭職，甚至要向女友求婚等等都要依循父母的意見，根本就停留在幼稚狀態，算是「顯性媽寶」。然而另有「隱性媽寶」：成年男性在外頭事業有成、社會功能良好、工作場合果斷負責，但回到家庭親密關係中，一進家門就變得容易退縮逃避，放任婆媳不和、面臨孩子管教或家庭重大決策容易猶豫不決或動輒易怒等，在在讓另一半頭大。

無論男生女生，都有可能養成媽寶個性。主因是在成長過程中對「權利與義務」沒有同步成長：孩童有「犯錯的權利」，但同時應擔負「成長進步的義務」。孩童犯了錯，父母往往給予包容安慰，這本是天經地義。然而三歲犯錯，五歲仍然犯同樣的錯，越長越大、一錯再錯，就是沒有做好「改正缺點」的義務。父母不斷包容下，只享權利不盡義務，自然容易養成媽寶個性。

12 小公主、小皇帝，會吵有糖是大人的錯

捨不得打，捨不得罵，少子化的小孩個個是寶，到底該怎麼教？

媽媽在捷運站說今天要看牙醫，山姆急得嚎啕大哭。媽媽板起臉說先前已經取消兩次預約，這次非看到牙醫不可，哭也沒用。於是山姆大庭廣眾下直接賴在地上不肯起來……

孩童難免鬧彆扭。柔順些的，就是哭泣、撒嬌、行為退化；行為激烈的會哭鬧、亂砸東西，甚至動手。久而久之在家成為小霸王，行為蠻橫、不知反省。

改變孩子的行為模式，需要時間和耐心

孩童的情緒反應，無非是心理不平衡，希望透過這些行為來讓自己恢復。表面上看來是非理性行為，仔細研究下可歸納出孩童需求。分析之後若仍無法理解

孩童行為動機，只要行為持續不長，將頻率控制在可接受範圍即可；若這些行為長期持續，就需要轉介醫師排除可能疾病，以利診治。

行為	理由	處置後	持續時間	是否需就醫
哭鬧模式A	想買玩具	得到玩具心滿意足	滿足需求就停止異常行為	否
哭鬧模式B	不明	無法處置	一天之內自動停止哭鬧	否
哭鬧模式C	不明	無法處置	幾乎每天哭鬧，找不到理由、且持續數天到數週	是

【行為】這欄可任意代入，如：拔頭髮、咬指甲、摳傷口等。

從圖表可知，醫療介入點通常是「症狀持續一段時間」。偶發孩童不明原因哭鬧，即使找不到原因，通常也不太嚴重。頻率不高、持續時間不長，醫療勉強介入，效果不一定好。

對家長來說，過早處理不一定得到好效果。如果孩童常採取行為模式A，無形之中會強化行為模式A，逐漸養成驕縱。如果採用模式B，孩童哭鬧情形可自動減少。模式C雖原因不明，但因狀況持續，恐需醫療介入。

以孩童怕黑，不敢自己睡為例：

行為	理由	處置後	持續時間	是否需就醫
哭鬧模式A	怕黑不敢自己睡	跟家長一起睡	滿足需求就停止異常行為	否
哭鬧模式B	不明	無法處置	一天之內自動停止哭鬧	否
哭鬧模式C	不明	無法處置	幾乎每天哭鬧，找不到理由、且持續數天到數週	是

注意到了嗎？父母為了安撫哭鬧，於是讓孩子一起睡（強化行為模式A），孩童不但無法脫離父母改為單獨自己睡，且養成習慣用哭鬧來滿足需求。模式B

則是自己適應。模式C，孩童可能受到恐懼影響（如惡夢篇所述）或受腦部產生幻覺影響、心生恐懼，經由治療介入才能緩解。綜合ABC，教養重點在於「分析行為模式」。

三種作法，結果大不同：訓斥、賄賂、鼓勵

山姆拒看牙醫，媽媽採取的方式有下列幾種：

★訓斥

「噓！安靜！你今天不看牙，晚上不給你看電視！」於是孩子就範。這種行為就是「父母用強勢語氣讓對方屈服」。

山姆學到：

1 我不看牙就沒電視看，好吧！忍耐一下（自己權衡哪個重要）。

2 以後我要讓對方屈服，就用強勢語氣，吼不過就用鬧的（模仿父母行為模式）。

媽媽學到：

1 用罵的可以制止山姆哭鬧。

2 可以用「看電視」來威脅山姆。

媽媽忽略的是：

1 以後易演變成母子對罵。因雙方都學到「大聲就贏」。

2 以後山姆要看電視，因「在家看電視」會被拿來威脅，所以找「其他地方」看電視，例如同學家或家電賣場，總之「往外找」。長大後被禁止打電腦遊戲、被要脅不能玩電腦，就「往外找」，深夜在網咖流連不肯回家。

破解法：媽媽用「階段性表達」，以靜制動。

1 先暫停繼續往前走，停下來看著山姆，同理其不想看牙醫的心情，但冷靜、堅定表示今天一定要看。

2 山姆依舊哭鬧則給予「情境隔離」，將孩子帶到人較少的角落，保持冷靜繼續觀察或重複說明。安靜環境較易讓孩子冷靜下來。

3 語氣可從溫柔勸說逐漸變「更強硬」，但避免謾罵。謾罵容易越罵越氣，且孩子會學「大聲就贏」。

4 「用規則說服孩子」而不是「用情緒壓制孩子」。強調之前訂定的規則，避免「大聲就贏」。所謂規則，包括「因為我是你媽，所以你要聽話」。

5 這時目的不在「制止哭鬧」，所以孩子可能依舊哭鬧；目的也不在「一定要看到牙醫」，而在於「制止行為模式Ａ」。

6 當然，若重點放在「今天一定要看到牙醫」，那麼訓斥無妨。

★賄賂

「這張貼紙給你！你不要哭！

雙方比大聲，比對方更生氣就贏，容易讓親子習慣「用吵架溝通」。

讓牙醫叔叔看一下就好！」家長先給獎賞，安撫哭鬧。山姆走到一半又反悔，再給一張貼紙。孩子不要貼紙，改口要吃冰淇淋。這次冰淇淋、下次買玩具，條件越開越大。「先給獎勵，就是賄賂！」

山姆學到：

1 吵就有糖吃。賄賂將強化哭鬧跟討價還價。

2 說話可以不算數。不算數還可以拗更大獎品，因為他們非讓我去看牙醫不可（摸熟父母弱點，任其予取予求）。

媽媽學到：

給些小東西可讓山姆停止哭鬧，還願意看牙醫。

媽媽忽略的是：

1 小東西會變大東西，直到父母無法負擔。

2 孩子會因熟悉賄賂模式，變得更驕縱，原本願意的也變成不願意（因為越驕縱才能談更多條件，得到更多賄賂品）。

破解法：

1 用親子互動特權代替物質賄賂

互動特權就是「為小孩特別撥出一段時間獨處」。用「睡前講故事」舉例：如果山姆很喜歡媽媽睡前講故事，那麼媽媽的鼓勵可變成「今天講一個『特別精彩』的故事」、「今天講『兩個』故事」作獎賞。這種獎賞較為抽象，因此不會有物質獎賞價格高低的問題，不會養大孩子胃口到父母負擔不起。

故事只是表象，代表是父母的愛。孩子不稀罕陌生人講故事，能把聽故事當成獎勵，是因為從中可體會父母的愛。父母對子女的愛「無限量供應」，但無限供應的東西易被糟蹋，所以稍微包裝一下，孩子會更珍惜。

2 事後獎賞

賄賂是達到目標前就給，孩童反悔是司空見慣。雖然講成「賄賂」有些嚴重，但這樣較易區分。獎賞是達到目標後才給。

獎賞期限要視兒童的年齡調整。越小的孩童，注意力持續度不夠，對時間更難忍耐。要求他「忍耐不吃眼前的糖果，忍五分鐘就能糖果一顆變兩顆」，很多孩子根本忍不住。如今要求「乖乖聽話，三天後的週末出去玩」，當然難達成目標。越小的孩子，獎賞要越快得到越好，然後透過教育逐漸拉長。

3 把原來就會發生的事情當作獎勵

山姆跟媽媽一起出門，回家前媽媽會帶他去吃個東西，這是原本習慣。這次山姆拒看牙醫鬧彆扭，媽媽可以鼓勵他說：「你乖乖看牙，結束後我們一起去吃好吃的東西！」孩童鬧情緒，卡在氣頭上沒台階下，這時找到還算是理由的理由，順理成章接受。

如果山姆質疑：「本來就會去吃東西啊！」媽媽可說：「今天吃特別好吃的東西！」（代表媽媽特別的心意）。山姆追問：「吃什麼？」可以陪他想東西吃，不妨天馬行空想像「天上的雲吃起來什麼味道？」「彩虹有沒有草莓味？」透過轉移注意力，孩童不再專注對牙醫的恐懼，轉對接下來的獎賞期待。

不要在看完牙醫前具體答應特別的指定食物，不然就變成「賄賂」。山姆說：「待會我要吃三球冰淇淋！（平常只能一球）」媽媽可說：「你看牙醫的勇氣又沒有三倍，怎麼可以吃三球？」在一問一答中，保持平靜，母子就能共度這愉快的下午。

★鼓勵

「山姆最勇敢了，都不會害怕對不對？」看完牙醫後繼續強化山姆信心，帶他去吃甜點，鼓勵其「勇敢」，而非鼓勵「願意看牙醫」。

山姆學到：

1 我很勇敢。

2 我敢去看牙醫。

3 因為我很勇敢，媽媽很高興，帶我吃甜點。

使用強硬方式讓孩子屈服，有時是為了達到目的（看牙醫），而不是為了重塑行為。

鼓勵其「個性特質」比單獨鼓勵「單一事件」來得更好、更長遠。孩童較小，則鼓勵可較具體化，例如用「願意看牙醫」來描述「勇敢」。隨年齡漸長，還是將重心移到「個性特質」為佳。

由這些分析發現，山姆媽媽採取策略目的不應在「當場制止哭鬧」、「順利看完牙醫」，而著重在「弱化不當行為模式A」、「重塑行為模式」、「加強其正向個性特質」。許多家長搞不清楚「重塑行為模式」主軸，辯稱「不理他孩子反而會哭得更厲害」、「親子兩邊較勁，就是看誰先軟化」。這是誤把重點放在孩童哭鬧與否，而不是著重在重塑行為模式，如此易適得其反，養成小霸王。

貼心小提醒

家長的巧思代表對孩童的用心，透過各種方式讓孩童體會，這是以上行為技術背後真正能安慰孩童的「能力核心」。空有話術，孩童只學到油嘴滑舌。安撫技術搭配「包容的愛」，透過巧思展現，抓準行為模式主軸，才是真正教育的本質。

13 孩子一哭爸媽就心軟，心理界線要畫清楚

愛的教育還是鐵的紀律？照書養還是照豬養？是對孩子好，還是爸媽自己想要？

伍爸爸、伍媽媽相當寵愛獨生女伍花。小時候寵不打緊，等到父母發現伍花過於驕寵、想好好管教，才發現只要說上兩句伍花就梨花帶淚，真不知該如何是好……

許多小孩一罵就哭，養成驕縱習慣。哭泣無非是一種抗議、一種表達、一種因內在衝突而將之行動化的過程。動不動就哭泣可能是挫折忍受度低、可能是高情緒表露、可能是習慣性將情緒表現誇張化。哭泣耍性子，是小孩子重要的談判手段之一。

五種狀況，養出驕寵兒

孩子的習慣常是由親子關係演變而來，但沒有父母會「故意」養成孩子驕縱習慣。經不起責罵的小孩是如何「不知不覺中」養成的呢？想像下列幾種可能：

伍花出門前突然使性子，非穿雨鞋不可。媽媽說今天天氣好，要給伍花穿涼鞋。伍花不依，媽媽才說兩句，伍花就淚眼婆娑，親子大戰準備上演……

★狀況一：顯示權威

爸爸看了，對媽媽說：「你就給她穿嘛！孩子開心，你何必呢？」最後媽媽只得讓伍花穿上雨鞋。爸爸並非順從伍花耍性子，而是潛意識對這僵持局面展現「我是一家之主、我說了算」，表現權威。最後因媽媽對爸爸的順從，間接造成孩子驕縱。類似的狀況常出現在三代同堂家庭，祖父母寵溺孫兒，某部分也是為了證明「我老人家說了算」，凌駕父母的教養親權，適得其反。

★狀況二：補償作用

爸爸心想最近自己老加班，難得全家出門，希望孩子開心。心理補償作用下，特別討好孩子，於是順著孩子說服媽媽。

★狀況三：投射作用

看到伍花抗議的模樣，媽媽遙想童年，當時自己媽媽也常強迫自己做不喜歡的打扮，到學校遭同學嘲笑，青春期在抑鬱中度過，整個人變得沒自信。回到現實，

父母教養意見要一致，避免單方面為了顯示權威，偏離教養主軸，反而讓孩子無所適從。

看到伍花反應就像當年自己，所以決定不勉強她，避免重蹈自己媽媽當年覆轍，讓自己一輩子沒自信。然而，伍花媽媽忽略當時已是青少年，本應學習獨立思考；現在伍花還小，尚需家長引導。過早放任小孩的選擇，反而養成我行我素的驕縱習慣。

看到孩子跌倒，父母自己心疼，就覺得孩子一定也跟自己一樣心疼（傷口疼），把自己的想法套到對方身上，結果孩子看媽媽這麼心疼，無意間也誇大自己疼痛，好回應媽媽潛意識的期待。結果大人更用力安撫，小孩哭得更大聲。

★狀況四：合理化思考

媽媽聽伍花說完，心想：「搞不好待會真的下雨，現在穿雨鞋剛好。」氣象預報今日整天出太陽，媽媽這種想法只是將自己的讓步合理化。

「孩子現在還小，搗蛋沒什麼，長大自然會學乖」、「孩子到商店偷零食，都是我在家中過度禁吃零食的關係」。忽略孩童犯錯本質，用似是而非的理由安慰自己。

★狀況五：母憑女貴

媽媽不但重視伍花的主張，每次出門還特別費心將她打扮得格外讓人注目。加上伍花天生麗質，媽媽與有榮焉。其實是媽媽自信不足，在家中地位低落，轉而寄望孩子受眾人肯定，自己相對提升地位。不知不覺中將自己所有的期望加在孩子肩上，對其他缺點視而不見。

重男輕女的傳統家庭裡，當人媳婦備受委屈，連娘家都鮮少支持。於是對自己兒子重視有加，特別挖掘兒子優點、刻意放大宣揚，好讓自己在家族裡揚眉吐氣。如果兒子功課好，對於品行如驕縱乖戾、霸凌搗蛋等皆視而不見。若功課不好就另尋才藝，當「足球神童」、「鋼琴王子」。孩子在這扭曲價值觀下，容易偏差。也許長大後在社會能與他人和諧相處，然而在家庭親子關係裡仍幼稚乖戾，情緒依賴度高。

父母先自省，破解教養難題

針對上述情況，我們可以嘗試一一破解：

★狀況一：確立家庭角色位階順序，可有助孩子順從

伍花媽媽可試著對伍花說：「把拔這樣說（可以換雨鞋），馬麻願意聽把拔的。如果只有馬麻跟你，你要聽我的。」讓孩子知道，你是順從丈夫，不是被孩子牽著走。強調倫常順序，孩子兄友弟恭。

父母一致，主要照顧者之間角色權力平衡，都有助於穩定孩子情緒。

媽媽問：「為何我要聽先生的？」或「每次婆婆來干涉我怎麼辦？難道放任婆婆干涉嗎？」若遇到諸如此類家庭角色混淆，則需要重新調整家庭角色，這將在下一章說明。

★狀況二：認清補償作用的對象

爸爸想彌補少在家的虧欠，應針對伍花個別彌補，撥時間說睡前故事或做額外承諾，「讓他們父女倆另外解決」。認清對象，而非攪局，打亂媽媽的教養步驟。爸爸與其事後再對媽媽「再度補償」，買花送禮彌補氣苦的媽媽，不如一開始就認清補償作用的對象，一碼歸一碼。

★狀況三：辨別「自己情緒」與「他人情緒」的界線

投射作用大多來自於自己內心，尤其跟童年早期經驗相關。多認識自己、問自己：「到底對方真正這麼想，還是只因我這麼認為，所以覺得別人必定也有一樣感受？」盡量避免情緒混淆，減少過度投射作用。

★狀況四：避免過度合理化解釋

多問「這是不是自我安慰？」避免過度合理化解釋，實事求是，減少當局者迷。合理化思考包括：

酸葡萄心理：我得不到的東西，其實也沒多好！沒什麼了不起！

甜檸檬心理：儘管口中滋味有點酸，我手上這顆檸檬必定比樹上那顆還甜！

★狀況五：重新自我定位，培養自信

自信的父母會教出自信的孩子。父母自信建立在孩子成就上，孩子會產生混淆。孩子心目中父母是高大的理想，孩子會追尋父母身影朝理想前進。若這高大的父母形象居然是建立在孩子才藝表現上，這讓孩子信心動搖、自信虛浮。父母應重建自信，讓孩子的內在自我強化。自尊自信、舉止有度，就不會恣意妄為、貪驕虛縱。

看見自己，才能聽懂孩子

上述幾種狀況是常見的父母內心戲，在親子互動中屢見不鮮。這內心戲並非「錯誤」，而是各有其盲點。要避開盲點，就要發揮「自我洞察力」（insight）：藉由深刻自我認識，看見互動裡各角色的內在思考。在親子互動的舞台下當觀眾，時時刻刻看著舞台上的互動，推敲自己的思緒浪潮。

這是一門需要長時間修練的功夫，能夠「讓自己更深刻地看見自己」。孩子耳濡目染下學會這種「自己看見自己」的自我洞察力，他就會時刻反省，改正自己的缺點！

貼心小提醒

許多合情合理的親子互動，卻產生了令家長擔憂的孩童壞習慣，經不起責罵是其一。試著跳脫泥沼，從另外角度審視原本的親子互動模式，稍加修正、避開地雷，正面引導孩童增進自我洞察的核心能力！

還不乖，鬧什麼脾氣！你看看，碗打破了還不認錯，整天吵吵吵，我煩都煩死了。我在哭都是你造成的！」

普遍狀態：大部分家長介於兩者之間。媽媽可能會板起臉孔教訓女兒，差不多之後就把女兒趕到客廳，自己擦乾眼淚默默收拾情緒。有克制力但心理界線不清楚的媽媽雖然盡量不遷怒女兒，但滿腦子專注在「該怎麼把女兒教好，不讓她再度犯錯」；卻沒想到「自己情緒有很多是來自於自己的生活壓力，女兒打破碗充其量只是引爆點」。

心理界線是一種人我之間的心理邊界，將他人與自我區隔開來。這條界線是一種限制，同時也是種保護。它限制我們不能輕易地靠近他人的內心，不能輕易地了解他人的感受；同樣地它也保護我們不被他人的感受或情緒直接影響，保護我們能在這個界線裡面保持自在。

這好似兩位國小學童同坐一張課桌，中間畫了一條邊界。這條邊界既抽象又真實，讓我們可以在邊界內保持自我範圍，卻也跟邊界的另一邊保持距離。

Column 「都是你不好，害我心煩！」心理界線

心理界線（boundary）是親子互動中極重要的概念，此概念也將延續到大人們的互動中。

定義：你的是你的，我的是我的

「你的（情緒）是你的（情緒），我的（情緒）是我的。」

「我難過是『我的』難過情緒，跟『你』不一定完全相關。」

案例

母親見女兒打破碗又哭鬧不認錯，長期在婆家累積的壓力爆發，於是蹲在廚房落淚。女兒發現媽媽在哭，於是停止哭鬧，前去看看媽媽。

最理想狀態：心理界線清楚的媽媽會對女兒說：「女兒乖，你打破碗是不對，不過媽媽只有因此難過一點點。現在媽媽流淚傷心，主要是因為別的事情，不是你的責任。」

最模糊狀態：心理界線不清楚的媽媽會斥責：「都是你不好，惹得我心煩。我平常已經忍得夠辛苦，你

「媽媽難過、女兒變乖」很容易讓此親子行為模式得到正向增強：媽媽發現女兒變乖，口頭稱讚。→女兒的猜測獲得證實：「果然媽媽掉淚跟我有關，我變乖媽媽就會恢復。以後看到媽媽難過，我就要乖一點，好讓媽媽心情好起來。」

這無形中強化媽媽「模糊心理界線」的傾向，久而久之，媽媽的情緒變成女兒的責任，雙方心理界線更加模糊。媽媽不知不覺間養成「用情緒（如發怒或落淚）約束／改變孩子行為」的習慣。

最理想而清楚的心理界線是，媽媽能認清：「我的難過是我自己的情緒，跟別人不一定有關。就算跟某人有關，也要搞清楚對象，看是誰讓我那麼難過。女兒打破碗雖然造成我難過，但只占一小部分。」

Column 「你乖一點，我就會高興」情緒勒索

案例

女兒發現媽媽在哭，以為是因為自己不乖造成的，因此決定主動做家事、講好話哄媽媽，希望她開心。

人際間的心理界線經常隨著互動模式的變化而變動，或進或退，好似跳雙人舞般，隨著互動行為的節奏而調整步伐，一步步培養默契。前述女兒打破碗，媽媽很傷心。即使媽媽傷心的主要原因來自於家庭壓力，女兒卻不甚明白，於是產生一連串互動行為的變化：

孩子的內心戲：女兒搞不清媽媽如此難過的原因，納悶「這會不會跟自己有關呢？」所以形成一個想法：「如果媽媽難過是跟自己有關，那麼最好乖一點，不要讓媽媽傷心。」甚至還產生新的行為，希望能彌補媽媽的難過：畫圖給媽媽道歉、晚餐主動收桌子、講話甜些。

媽媽的感受：媽媽觀察到女兒的行為，還沒來得及搞清楚自己明確的心理界線，就先從孩子行為中看到：我難過→孩子變乖。

脫口而出：「你不要只顧自己開心，老要我陪你逛街！」這下女兒可冤枉了，非常委屈地說：「我看你心情不好才陪著你，怎麼反過來怪我呢！」於是母女之間反而產生「真正母女間的不愉快」。這新的互動衝突會累加在原本媽媽跟爸爸之間的不愉快之上。

2. 心情真的變好

母女倆逛逛街，結果媽媽心情「真的變好」。此後每當媽媽心情不好就找女兒散心，對夫妻失和的真正原因視而不見。而女兒今後只要見媽媽心情不好就排除萬難陪著媽媽，即使臨時請假或對朋友爽約皆在所不辭。母女情緒連動越來越頻繁，彼此緊纏離不開對方，形成「惡性彼此情緒依賴」。

這是當初沒區分好心理界線的結果。但事實上，媽媽的情緒大部分是跟爸爸相關，與女兒沒有直接關係。若媽媽能在理智邏輯上搞清楚心理界線，告訴女兒兩者關連性，加以區分。媽媽感謝女兒貼心，卻也不勉強強顏歡笑；女兒懂了，依舊貼心幫媽媽搥搥背、帶些好吃的回家。女兒盡她努力，不將媽媽情緒當作自己的責任，不因媽媽情緒仍差而過度自責。媽媽也能在這種情緒支持下，整理好心情再出發。

Column 「媽媽不開心，都是我的錯」惡性彼此情緒依賴

親子間模糊的心理界線易產生「情緒連動」：媽媽難過，女兒行為就會改變→女兒行為改變，媽媽情緒才會平復→雙方越來越熟悉這種互動模式。

媽媽的情緒跟女兒的行為原本沒有必然關係，如今卻勉強將兩者牽連，這樣「搞錯方向」，長期下來易演變成「惡性彼此情緒依賴」（co-dependence）。

案例

媽媽主要是因為爸爸疑似外遇，夫妻情感疏離而悶悶不樂。然而女兒卻「搞錯方向」，而希望用行為改變來讓媽媽心情好些，於是邀媽媽一同上街。

女兒的行為：看到媽媽心情仍差，以為自己做得不夠，於是加強「行為改變」的力道。剛開始只是上街逛逛，後來變成拉著媽媽上館子、買衣服，行為「做更多」。

媽媽的情緒：

1. 心情還是不好

但媽媽難過是因為爸爸的關係，所以女兒費心思陪媽媽逛街，充其量只能讓媽媽心情「好一點點」。剛開始想說女兒貼心，強顏歡笑也罷。後來女兒「做更多」，媽媽受不了，

14

西瓜偎大邊，就是不站父母這一邊

爸爸媽媽公婆姑嫂，意見一大堆，小孩見風轉舵，大人要怎麼教？

黃晶在外婆家調皮被媽媽責罵，見到外婆立刻撒嬌告狀。外婆說：「你那麼乖，怎麼會搗蛋？不要理你媽媽，我給你吃糖。」

黃晶媽媽氣極，想到黃晶外婆過去就常口無遮攔，讓自己難做，造就許多丟臉難堪的回憶。沒想到自己當媽，女兒卻跟自己媽媽同鼻孔出氣，不禁流下眼淚……

孩童管教困難，怎麼講都不聽。孩子還會選邊站，哪邊縱容就往哪邊靠，讓管教的父母又急又氣。情況繼續下去，孩子變得有恃無恐，家裡大人給他靠，就益發變得驕縱。

家庭權力失衡，孩子只是代罪羔羊

冰凍三尺非一日之寒，與其說是孩子的出現，造成大人間的意見衝突，不如說大人彼此權力失衡，透過孩子引爆，突顯了原本早已存在的問題。孩子，只不過是代罪羔羊。

家庭角色的權力失衡，主要跟下列項目相關：

家庭結構：家庭結構不同，權力結構就不同

過去傳統大家族，堂兄弟、表姊妹同住一個屋簷下。現在大部分家庭成員單純，顯得冷清許多。單純由父母、孩子組成的核心家庭，跟祖孫三代同堂、祖父母幫忙帶小孩的折衷家庭，家庭結構不同，權力結構就不同。核心家庭與折衷家庭之間，還有各種差異，舉例如下：

★保母型

孩子交由保母托育。保母是主要照顧者，孩子跟親生父母較為生疏。好保母難尋，完美保母更不可得。再好的保母，長期相處，總是會有些缺點。保母雖是外人，卻像面鏡子，反射出許多原本家裡的人際問題。

潛在問題 這個「外人」幫忙出主意、給建議，逾越原本謹守的職業分際，易讓家庭衝突火上加油。

★隔代教養型

父母工作忙碌，孩子完全交由爺爺奶奶或外公外婆帶，假日才親子團

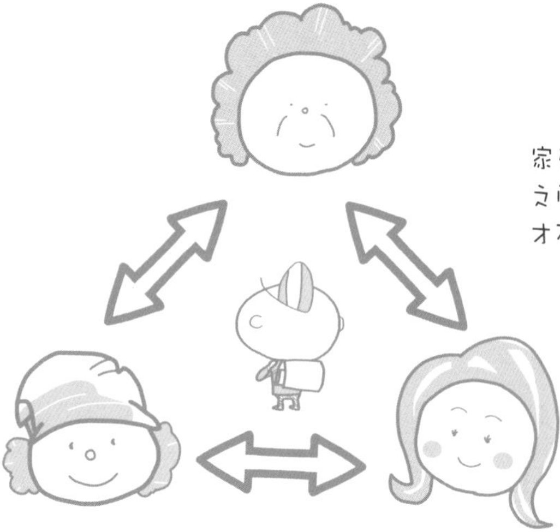

家庭中的保母-祖母-媽媽之間角色達成平衡，孩子才不會無所適從。

聚。長輩的教養觀念跟父母不同，孩子不知該聽誰的。

潛在問題 會交由祖父母帶，常是因為父母工作過於忙碌、自顧不暇。工作忙碌所疏忽的部分，會藉由這個狀況暴露出來。

★三代同堂

同住一起，主要是父母帶，父母下班回家前由祖父母幫忙。若能充分溝通，問題不大；溝通不良則加深與長輩之間的摩擦。

潛在問題 孩子知道該聽父母的，但又容易把祖父母當靠山，利用權力失衡取得甜頭。

家庭歷程：隨著生老病死，家庭成員會有變動

一個家庭有其生命歷程：以夫妻結婚、組成家庭為始↓歷經孩童長大成人↓孩子成年離家、孩子另組家庭↓原夫妻面臨空巢期↓步入老年↓夫妻其中一人死亡↓歷程終結於兩者皆逝。

若因家庭成員的變故或人世際遇造成影響，會增添許多變數，例如：

★家庭成員過世或離異

原先的核心家庭，因其中一方長輩喪偶而改為折衷家庭，或核心家庭夫妻離異，單親父母帶孩子回老家跟長輩同住。單親媽媽帶孩子回娘家住，或喪偶的長輩提早跟子女同住「養老」，造成家庭結構的改變。原先適當的人際距離有助於保持「相安無事」，卻突然因變故而被迫生活在一起，生活空間縮小，人際距離變得非常靠近。

潛在問題 原本的「距離美」不見了，彼此的生活細節會被放大檢視，需重新適應。

★家庭成員保持單身

小叔、小姑單身且仍住家裡，讓原本折衷家庭的「三代同堂」變成「兩個三代同堂」，祖父母仍兼具「小叔、小姑」的父母身分，而核心家庭父母會加重其在原生家庭的手足角色。家中多個大人，偶爾可作臨時保母或孩子的大玩伴，其實挺熱鬧。

潛在問題 若小叔、小姑保有過多「青少年習性」，如「只負責玩小孩卻不負責教」，帶動不良示範，這對孩童造成影響。比如說，孩子不能玩太多手機遊戲，家長自己也努力克制，避免錯誤示範，但小叔卻不願配合，整天躺在沙發上滑手機，還偷偷給孩童玩，破壞原本親子講好的規定。

家庭文化：每個家庭都有自己的故事

「家家有本難念的經」，每個家庭都有「不能說的秘密」。這秘密若平和理性地公開提出，讓家庭成員討論，家庭文化就有重塑的機會。若否，則會一代一代傳承下去……

- **在地固有文化**：重男輕女觀念或嚴格打罵的軍事教育。

潛在問題 過度僵化的教育觀念跟不上潮流，且讓孩童認同這種偏差觀念，影響孩童長大後的人際及家庭關係。

- **新移民文化差異：**越南、印尼或中國大陸籍配偶所組成的家庭。台灣多元化社會，這種情況越來越普遍。讓新移民孩子多認識媽媽的家鄉文化。多一分認識就多一分了解；了解之後，才會產生歸屬感；有了歸屬感，面對文化差異才不會茫然失措；進而培養自信，跟其他人互動間「異中求同」，認同彼此差異卻又不會混淆原有價值觀。

潛在問題 文化差異、自我迷失、「我從哪裡來？」缺乏認同及歸屬感。

- **家暴酒癮、犯罪事實或毒品濫用等所造成的特殊次文化：**家人遭逢意外、自殺、情緒障礙、憂鬱症或重度精神疾病等，對孩童常有深刻影響。

潛在問題 家庭結構更不穩定，父母一方可能離家出走或入監服刑，社會局介入孩童安置問題等，都會讓整個環境動盪，產生變數，要維持平衡更加困難。

家庭問題難解，要尋求穩定和支援

家庭互動是種動態平衡，很難長期靜止不變。如何在「不穩定中求穩定」、

多重角色平衡是身心平衡的重要基礎。職業婦女身兼多重角色：職場-自我-媽媽，許多人用盡力氣做好工作，打理家事，卻過度忽略自我。

「讓家家難念的經可繼續念下去」，試試以下方法：

★釐清角色定位

女性在核心家庭中常同時扮演「（孩子的）媽媽」、「（先生的）妻子」、「自己」三種角色；在折衷家庭會身兼「媳婦」或「嫂嫂」角色；回到原生家庭身兼「（自己媽媽的）女兒」或「（自己妹妹的）姊姊」角色。想同時扮演好每種角色，一定要先釐清角色的「順序」。隔代教養發生意見不同，先想好自己選擇當「好媳婦」還是當「好媽媽」。若難兼顧，只好選優先順序的角色。

許多克勤克苦的現代婦女，過度壓縮「自己」這個角色，老將自己擺在最後一個順位。「愛自己」不是口號，而是反向思考：你希望你教出來的孩子，長大後只曉得完全替他人犧牲，老把「自己」擺在最後一位嗎？重視自己感受、誠實面對自己情緒，自己替自己做些事。自己做到了，孩子就能透過見證與模仿，培養自重自愛的好習慣。

★多向朋友尋求情緒支持，而不是向朋友尋求建議

面對家庭議題，「在夾縫中求生存」，向朋友訴苦尋找情緒出口，這是人之常情。然而許多朋友表達關心的方式是「拚命給建議」，聽者只聽到好似朋友數落「自己怎麼做怎麼錯」。尋找願意傾聽的夥伴：不任意評論、一起涵容負面情緒。只能熱烈聊天，越嗨越好的只是普通朋友；能夠沉默以對或共享靜謐的，才是心靈交流的好友。

★模仿大家庭

少子化是社會事實，我們能做的是加強橫向連結。家裡的孩子少，就積極替

他多找些固定的玩伴。小時玩伴長大就變成好夥伴。固定聚會、保持聯絡，模仿大家庭，平時又在各自家庭裡，不會互相干擾。取「大家庭優點」，彌補「少子化缺點」。

★增加社區資源連結

人多好辦事，過去靠家裡面叔叔、阿姨幫忙，現在核心家庭，平常沒跟親戚往來，這時將重心轉移到社區。社區裡鄰里長、社區活動要多參與。緊急狀況如醫療保健等要平時熟稔，避免病急亂投醫。凝聚社區共識、願意花時間聯繫、以社區共同照護的概念讓孩子們在社區安全網內平安長大。

貼心小提醒

現代家庭組成單純，人口較少，相對地緩衝也較少。反之，人多口雜，遇到意見不合也難處理。家庭結構穩固、結合社區、權力均衡，孩子就不會無所適從，能在穩定家庭中接受薰陶，平安長大。

15

九十九分不夠棒，看壞不看好的完美執著

父母要求高，孩子追求完美，遇到一點挫折就受不了！

妙妙是五歲女生。她每晚寫完作業要讓爸爸看過，等爸爸好好讚美一番才心滿意足收起來。由於爸爸的鼓勵，妙妙寫字越來越工整。但最近妙妙寫字越來越吹毛求疵，幼稚園作業要花上兩三個小時，不讓她寫還會發脾氣……

完美主義來自於「父母的期許」和「孩童脆弱的自信心」。唯有好上加好才能得到父母肯定，孩子處在「自己不夠好」的階段，無視於已經掌握的成績。

比如說，孩童學寫ＡＢＣ，剛開始困難重重，寫了一整面生字。家長幫忙檢查功課，字寫得端正無誤的，上頭打勾，代表「好」；字跡潦草、筆劃錯誤的圈出來，畫個叉叉，代表「不好」，要求重寫。

這種激勵方式有效。將事情區分為「好」、「壞」兩個黑白分明對立面，在

孩童不夠了解「灰色地帶」時，是清楚明白的區別方式。

隨孩童長大，開始了解「判斷灰色地帶」重要性：寫得完美是十分，但寫稍微潦草一點，八分也不錯。若追求完美字體耗費過多時間，整晚來不及寫，隔天交不出作業；或耽誤其他作業的時間，反而整體得分下降。所以八分字體，卻能節省時間，又通過標準，是合理的「灰色地帶」。

然而大人的教育方式沒有與時俱進，使孩童掉入「非黑即白」的思考框架，只專注在字體，不了解作業習字是為了將來書寫溝通，必須兼顧效率與文句，不能執著在字體上。如果只聽懂硬性規定，思考會逐漸僵化而不自知。

父母過度期待，給孩子壓力

我們用妙妙學彈琴的故事來說明：

妙妙的媽媽是音樂老師，妙妙練習彈奏，就算隔著兩個房間媽媽都能立刻耳尖，聽出彈錯的段落。爸爸對音樂不在行，聽妙妙彈琴只覺得開心，因此多加讚美。妙妙得到鼓勵，不吝惜展現琴藝，練琴加倍認真。曲子越彈越順，錯誤益少。隨著學習日長，曲目難度越來越高。

長期下來妙妙學會：只要媽媽沒有糾正，就是「彈得好」；若媽媽皺眉搖頭、挑出錯誤，就是「彈不好」。一遍又一遍的練習，是要能完美彈奏，否則媽媽一搖頭、彷彿世界末日，想必是自己又搞砸整首曲子。

媽媽為讓妙妙持續精進，基於「職業本能」糾正，針對彈錯的部分指導，這種要求無可厚非。隨著妙妙進入小學，曲目越來越難，學校課業越來越多，練習時間越來越少，妙妙漸漸地沒辦法完美彈完曲子。爸爸依舊欣賞妙妙的認真，但媽媽要求卻越來越嚴格，認為退步是分心的緣故，甚至媽媽覺得自己督導不周，於是更勤加指點。

學音樂原本是快樂的，妙妙卻越來越沒

大人拉琴，小孩彈琴，其樂融融。學習音樂的重點不在音符，而在於美學的欣賞與分享。

自信。好不容易完美演奏、比賽獲獎，媽媽點點頭，妙妙只覺得自己僥倖。彈不好，媽媽一搖頭，妙妙難過半天。就像運轉越來越快的陀螺，終將倒下。

鋼琴家不都是苦練的嗎？沒錯，技藝精進需要苦練，但本篇講的不是舞台上萬中選一的鋼琴家。一千名學琴小朋友裡只有一名成為鋼琴家，本篇論述的是其餘九百九十九位小朋友的狀況。

自信心從何而來？

妙妙鋼琴比賽第一名，怎麼會沒自信呢？我們重新看看自信的幾個部分：

- **自我能力**：妙妙鋼琴技巧很好、練習也努力，妙妙對自我能力很有信心。
- **自我期許**：然而，妙妙認為自己「應該」保持第一名。進入音樂班就讀後，同學皆從小苦練，保持第一名並不容易。若沒有恰當心理調適，自我期許過高（以為自己第一名），跟能力（實際上排名中間）間的落差會造成失望。這種情況常見的是，能力可考上國立大學，但自我期許能上台大，最後考試放榜，果然成績在國立大學附近。由於跟自我期許落差大，整個人灰心喪志、認為考試失常，最後變得沒自信。

- **他人評價：**若妙妙無法體會學音樂的樂趣，學琴動機主要來自父母評價與評審肯定，將自信建立在他人評價上，只要別人說三道四，自己就易受影響。比如說，從小被讚美容貌的女生，自信建立在他人的虛榮讚美。若自己沒有培養自信審美觀與充實內在，別人的毒舌評論就造成很大心理衝擊，完全依他人對外表的要求改變自己審美觀，執著於外表，最後變得四不像。
- **目前成就：**實質成就是自信的一部分：優等生獎狀、書架上的獎盃。象徵意義大於實質意義。隨著年齡增大，人們越來越追求成就的實質意義：顯赫的聲望、職務地位、累積的金錢等。若以「真實的自信」而言，目前成就不過是其中之一，我看過許多人家財萬貫卻依舊心靈空虛的。

完美主義起因自信心不足，害怕失敗

許多完美主義者內心自信不足，需要藉外在的條規律例來強制自我約束，認為「只有這麼做才能達到最好」。完美主義的成年人是從孩童時期一點一滴培養出來的。孩童自信不足，經常跟大人的評價有關。如前所述，自信組成的第一部分是「自我能力」，但在初始階段，因年紀還小，本來能力就不足；第四部分「目前成就」也因年齡限制，相當有限，自然只能依靠第二部分「自我期許」跟第三「他人評價」來建構其內在自信。

孩童階段的自我期許通常來自於家長期許；他人評價主要也是家長評價。若孩童過於追求完美，家長要先看看：是不是無意間引導孩子朝這個方向誤行。

若苛責孩子練琴的精準彈奏，學音樂就變成走鋼索，只求完美演出，忽略音樂本質。

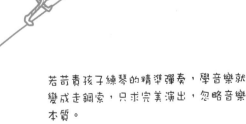

孩子寫作業會執著完美，家長納悶：「我已經叫他停下來不要寫啊！」孩童若出於自願，我們可先觀察。若家長不知不覺中「鼓勵」其完美，稱讚「字寫得好整齊喔！」「寫字好有耐心！」或說成「你已經寫得很好看、很整齊了！趕快去睡覺吧！」孩子只聽到前半句「寫得很好看」，以為得到肯定，反加強孩童追求完美的動機。在「好」與「不好」之間，如何循序漸進引導孩童看清灰色地帶，可考慮試試以下方式：

★觀察完美執著的程度跟範圍

孩子疊積木聚精會神，要求仔細，很少家長會制止。遊戲結束，孩子可回歸生活，下次玩積木再努力。這種追求完美的程度在合理範圍內，不需干涉。

如果孩子對很多事情皆採取完美標準，超出合理範圍，就要加以限制。

解決之道 若疊積木耽誤時間，就用時間規範加以限制；若要求桌椅一塵不染，就將範圍限制在孩童自己房間或特定區域。

在範圍之內，孩童可自由發揮其「完美執著」，若超過界線就不行。孩童逐漸學習後，既可部分保持完美主義，家長又能在界線外鬆口氣，皆大歡喜。

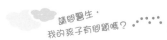

★觀察是否影響到情緒

疊積木過度投入，即將結束遊戲或積木倒下時，孩子發怒或哭泣，引發的情緒起伏過大，就要注意追求完美的執著會不會超過限度。

有時孩子的執著來自情緒抒發，外在執著行為不過是心理層面的外在表現。有時孩童執著於完美，是因挫折忍受度低，害怕失敗，認定「不夠完美就是一種失敗」，將精力無限制耗在吹毛求疵裡，「不敢」看到整體的好及不好的一面。

解決之道 試著將外顯的執著行為延伸到情緒感受及表達上。看到孩子疊積木疊很高，引導詢問：「疊這麼高你會不會覺得很開心？會不會覺得快倒下來，很緊張，卻也很刺激、很好玩？疊高高不會倒下，你會不會覺得自己很滿足？」

透過引導，孩子能順暢表達內心世界，包括想像遊戲跟情緒感受。內在感受被大人理解，外在行為就會平靜下來；反之，內在感受不被理解，甚至遭忽略，外在行為就一再重複，越演越烈。

★是否有刻板行為

行為會不會有固定一成不變步驟，一點不能馬虎？會不會因為步驟不夠完整而「非要到不可」？

孩子刻板行為，一個一個步驟依序執行，孩子沉浸在機械性的節奏裡。

解決之道 適當的刻板行為可被接受，但若牽涉到的程度跟範圍太誇張，就要加以限制。比如孩子洗手步驟很仔細，左搓搓右揉揉、手心手背、掌心手腕循序洗乾淨，這可接受。若洗手要水龍頭流不停，耗在洗手台十分鐘還洗不完，就限制時間跟範圍。

★是不是也會要求其他人跟著這麼做

疊積木很注重細節，也要求同學一定要照他的完美規矩，不然無法一起玩。孩子不單自己做，也要求其他人這麼做。或自己做不到，卻固執地要求大人們照他要求做。

解決之道 若完美主義擴展到其他人身上，易產生人際問題。「嚴以待己、嚴以律人」，或「寬以待己、嚴以律人」都不是好的人際互動技巧。一方面予以情緒疏導，另一方面將「完美習慣」限制在孩童身上。有時孩子會要求其他小朋友照自己方法玩，藉此滿足控制欲、權威感。適度即可，超過合理範圍要加以約束。

★孩子是要追求誰的肯定？

孩子疊積木，是「無所謂有無觀眾在旁觀看」，還是「把疊高高的積木留下，非得給誰看過、讚美一番」不可？

妙妙寫完作業一定要爸爸看過，好好讚美一番才心滿意足收起來。爸爸加班晚了，妙妙作業就寫得特別慢，頻打哈欠也不肯提早去睡。強迫她把作業收起來，妙妙就大聲抗議。

解決之道 孩子追求完美、甚至吹毛求疵，常是大人無形之中加以鼓勵，即使有時家長本意並非如此。若將前因後果仔細思考，看看孩子最希望得到「誰的肯定」，再從「那個人」身上做不同重點的鼓勵，就能逐漸改變過度要求完美的習慣。

貼心小提醒

「專注細節、追求完美」原是正面的學習原則。但過猶不及：因過度注重細節而見樹不見林，影響情緒、固執到無法跟他人溝通，就要反思是否過度。家長同時要注意自己是否無意間鼓勵孩童的固執行為。

16 心細體貼真淑女，浮誇敏感假紳士

愛乾淨愛整潔是好習慣，但過度潔癖真麻煩，以後怎麼融入團體？

多多跟毓雅兩兄妹在公園玩，後來要吃點心，媽媽讓兩兄妹用水壺淋水擦手，毓雅堅持走到遠處洗手台洗，這一洗就洗了十分鐘。準備回家時，媽媽已快趕不及回家煮飯，毓雅卻再度要找水龍頭洗手……

有些孩子天生較敏感，易察覺周遭變化。還是幼兒時，對父母離開或外在聲音刺激敏感：打雷下雨、風吹草動，都有情緒反應、動輒哭泣。這源自生物求生本能，在毫無自保能力的時期，完全依靠大人保護，一遇任何害怕或陌生感覺，就發出訊號，利用表情或哭泣提醒大人。

孩子的判斷力，來自於觀察事物及大人反應

等到稍大些，父母開始教導哪些東西是恐怖的、危險的，哪些東西是不必害怕的、安全的，哪些東西是「有時安全、有時卻危險的」。孩子透過家長指導，慢慢學會判斷：

- **恐怖的、危險的：**火焰造成燙傷或火災，不能玩打火機、鋒利菜刀不能拿來玩、過馬路很危險，需大人陪同。
- **不必害怕的、安全的：**打雷、閃電對屋內的人不會造成實質傷害，不必害怕。家裡沒開燈、黑漆漆但用不著擔心，家是安全的地方。
- **有時候安全，有時候危險的：**家裡的狗安全，外面的狗要小心張口咬人。同樣陌生人，若家長陪在旁，且陌生人跟父母有說有笑，可試著親近。若身旁沒有長輩陪伴，陌生人是危險的，要保持距離。

孩子透過「觀察事物本身」及「觀察大人的反應」逐步學習：孩子看到陌生人緊張，但看到家長跟這位陌生人說話自然，推測應是父母認識的朋友，於是較不緊張，還試著親近。家長也鼓勵：「叫張叔叔！」孩子反應得體，大人小孩都開心。

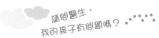

另外一例：孩子跟大人一起過馬路。

- **觀察事物本身**：孩子想：「爸爸曾告訴我，過馬路要牽大人的手」，且車子衝來衝去，看來危險。於是主動跟大人牽手，平安過馬路。
- **觀察大人的反應**：家長看到孩子有學到馬路的危險，也看到孩子主動牽手，認為這是好的學習，給予讚美：「弟弟你好乖，知道不能闖越馬路，要跟大人一起走。你好棒！」孩子看到大人的反應，決定下次過馬路也這麼做。

因為害怕受斥責，所以守規矩

我們一遍又一遍教導孩子們，然而有些時候，事情區分不是像上述一清二楚。看看下個例子：

事件：山姆難得可吃塊巧克力，卻不小心掉到地上。山姆想把巧克力撿起來吃，大人說地板很髒，不能吃。

山姆接收到的資訊：「食物掉到地上不能吃」、「明明我很想吃，爸爸卻說不能，因為地板很髒很髒」。

實際情況：地板並沒那麼髒。大人的考量是：

1家長不希望山姆飯前吃巧克力。

2如果是餅乾掉到地上，拍拍灰塵就算，勉強還可讓山姆吃；但因巧克力黏灰塵、拍不掉，最好不要吃。

3山姆前兩天肚子疼，現在不要亂吃東西。

大人有諸多原因阻止山姆拿地上巧克力吃，但山姆只學到「地板很髒所以不能吃」。偏偏山姆實在很想吃，為了自我安慰，只好強化「地板實在髒得要命，髒到再怎麼想吃、也不能把巧克力撿來吃」想法。幾次下來，就對地板產生「很髒」的刻板印象，影響日後觀感。

山姆耿耿於懷，會採取其他方式平衡心理：

- **以後對吃東西小心翼翼，越喜歡吃的東西，越不能掉到地板上**

要吃巧克力時需特別注意，不能邊走邊吃或說話分心。「小心吃東西」是好的飲食習慣，家長不會制止，甚至會鼓勵。假設山姆的巧克力屑掉到餐桌上就不能撿起來吃，山姆就會盡量吃東西不掉屑，吃塊餅乾也拿盤子放。

大人只看到行為結果，覺得山姆年紀小小「很注重衛生」、「吃東西很仔細」，加以口頭鼓勵。

- **既有掉到地板上的風險，不如在床上或沙發上吃**

山姆演變成「只在沙發或床上吃巧克力」，這樣完全杜絕掉到地板上的問題。等到哪天巧克力弄髒沙發，大人予以斥責，山姆就改變習慣，變成「吃巧克力躲到房間，窩在床上吃，吃完了才出來」。

大人只看到行為的結果，只覺得山姆很怪，為何都要躲回房間吃零食。

- **看到別人吃的東西掉到地板上，大聲制止說：「掉到地上的就是變髒不能吃！」**

別人想吃而不能吃，山姆的心情比較平衡。

山姆扮演小小糾察隊，其他小孩子零食掉到地上卻被允許拿來吃，感到不可思議，會大聲指責。若別人不理他，山姆可能變得激動：「我忍得那麼辛苦，不能吃，別人都可以！」

大人只看到行為結果，覺得山姆太過敏感。

因為想得到稱讚，所以更認真

另外一例，是孩子因為其敏感而受鼓舞：

事件：多多和毓雅兩兄妹在公園玩，兩人手上都沾到泥土。準備要吃三明治，媽媽準備水壺讓孩子倒些水稍微洗洗就好。多多隨便洗洗就用手抓三明治吃，毓雅則堅持走到三十公尺外洗手台徹底洗完手才吃。

加強因子：旁人誇讚毓雅說：「很愛乾淨」、「果然有教養」、「跟哥哥比起來，毓雅像個小公主」。得到讚美，毓雅強化洗手習慣，越洗越乾淨，用肥皂搓出很多泡泡，旁人看了誇讚「洗手好仔細！」、「連大人都沒洗那麼乾淨，媽媽教得真好」。

養成習慣：久而久之，毓雅不徹底洗手根本沒辦法吃東西，無論到野外露營或海邊玩沙，都堅持用自來水洗手。

山姆的例子問題不大，因為食物掉到地上的機率不高，況且食物掉地上本來就最好不要吃。除非因此指責其他小朋友，非以一樣標準要求其他人，強迫他人符合自己標準，不然就發怒，這就變成過度敏感。

毓雅的例子，倘若每餐吃飯都要洗得如此徹底，每天會發生好幾次，頻率頗高。加上受到鼓舞，毓雅對生活不方便的地方格外排斥，例如校外教學、親近大自然等，無形中限制生活範圍，形成「養尊處優」形象。從這個觀點，幾近潔癖，且因這種潔癖習慣，跟人相處產生隔閡。

父母高標準，刻意培養孩子品味

還有一種是被刻意教出來的敏感纖細。黃晶的媽媽對生活習慣要求非常嚴格，總是說：「女生得像個淑女，不能像個野孩子！」從小就培養黃晶好習慣：

★儀容端正

外表乾乾淨淨，小女生要有小女生的樣子。哪天黃媽媽沒注意，不小心給她辮子綁歪，黃晶發現、告訴媽媽。媽媽讚美黃晶觀察力很敏銳，重新綁好辮子後母女一起開心上街。

- **臨時狀況：**這天媽媽趕時間，匆忙帶黃晶赴宴，但黃晶沒戴上她最喜歡的米妮蝴蝶結、不肯出門，嘟著嘴鬧脾氣。媽媽只好耽擱一陣，母女倆一起找。好不容易找到，最後準時趕到喜宴。
- **加強因子：**眾人看到黃晶打扮大方可愛，紛紛稱讚。
- **黃晶學到：**出門就要打扮好，外表很重要；就算快來不及，找一下就能解決；媽媽再匆忙，只要耍耍小脾氣，媽媽仍會把自己打扮好。

★舉止有度

黃晶端正坐在椅上聽大人說話，其他小男生在大廳玩成一團，滾上滾下。

- **實際狀況：**黃晶想跟著同齡小孩湊熱鬧，但媽媽說，「在外不能像男生這樣撒野」，只好拚命忍耐。為了調適心理，於是心想：「他們這群臭男生，真沒水準。我才不跟他們玩呢！」
- **加強因子：**大人詢問黃晶要不要小朋友們一起玩，黃晶賭氣說不要。其他人打圓場：「黃晶真有氣質，是個小淑女。」黃晶受到鼓勵，繼續靜靜地坐在椅子上。

- **黃晶學到**：「自己有氣質，其他野孩子是粗鄙的」（為了自我平衡）；為保持氣質，最好學會隱藏真正的想法。

★培養品味

黃媽媽讓黃晶接觸高檔事物，想藉此培養品味。母女倆經常一起上館子吃好料。黃晶小小年紀就能分辨蛋糕的精緻好壞、奶油是不是現做的純正鮮奶油、純棉衣料的細微差異。

- **臨時狀況**：在喜宴上她想吃草莓蛋糕，送上來的卻是蜂蜜蛋糕，才吃了一小口就搖頭不吃。問她為什麼，黃晶找別的理由說：「太甜了，而且蛋糕做得不夠精緻。」
- **加強因子**：大人無意間說：「小妹妹果然識貨，這家的草莓蛋糕很有名，價格高、品質好，一早就賣完。真懂得吃！」大人將自己的草莓蛋糕推到黃晶面前，交換黃晶的蜂蜜蛋糕。
- **黃晶學到**：「懂得挑剔」不但可顯示品味，還可得到讚美，堅持挑剔的話，最後能得到想要的草莓蛋糕。

過度敏感潔癖，小心變成公主病

行為不斷累積，就養成習慣。黃晶學到的，一遍又一遍重複後，成為牢不可破的信念。觀念的培養一開始是好的，大人無意間觸動強化因子，也是人之常情。只不過孩童默默吸收，在隱微處逐漸偏差，等發現問題，習慣已經養成，要改變需額外花功夫。「王子病」跟「公主病」是養出來的，如何取其優點，避其缺點，能參考以下思考方向：

紳士淑女的內涵是「體貼他

孩子會模仿大人。當大人針鋒相對，孩子也有樣學樣。你想過自己孩子眼中的父母是什麼模樣嗎？

人」：家長希望教出來的孩子彬彬有禮，長大具有紳士淑女風範。教育核心是透過這些外在行為（儀容、舉止、品味）逐步內化，進而培養「了解以及體貼他人的能力」。

- **了解他人：**透過儀容細節觀察對方、透過舉止了解對方、透過品味審度對方。若一個人衣著整齊，細節不馬虎，即使他穿過季舊衣，你也了解這個人拘謹有度。若一個人雖在趕時間，舉止卻不慌張，你知道他沉著冷靜；此人看見有人跌倒，立刻露出著急表情去扶傷者，你知道他沉著卻熱心關懷他人。若一個人懂得體會粗茶淡飯的恬適，不過度沉溺錦衣玉食，你知道這是個有思考的人。
- **體貼他人：**由於徹底了解，所以具備同理他人的能力，做出舉止得宜的行為。在拘謹有度的人身邊，你不會誇耀手上的戒指或項間的珠寶；反而會看看自己衣領有沒有平整、鈕釦有沒有錯置。你不會用貧富來區分階級、不會用炫耀讓旁人難堪。在熱心付出的人身邊，你不會在意污水濺濕鞋襪、不會在意滿頭大汗的狼狽。你會優先幫助求助的人們，不會自恃身分保持距離。在有思考的人身邊，你能體會平凡恬適的哲理，不用華麗詞藻來顯示優越、用精巧話術來討好對方。

在不同場合謹守禮貌，因應場合氣氛融入他人，建立默契，這才是淑女紳士真正的氣質內涵。

孩子對抽象概念無法立刻掌握，只好從外在表徵學習。我們會告訴孩童：衣服要穿好、坐有坐相、要分辨飲食好壞。適度的敏感讓孩子們知道哪些可以、哪些危險；掉到地上的食物不要吃、飯前洗手要洗乾淨。若孩童過於粗枝大葉，一開始難以規範，家長需時刻叮嚀。偶爾孩子心理不能調適，鬧鬧彆扭，家長針對情緒層面加以安撫，但得守住行為上的規矩。

隨孩童長大，教育方針與時俱進，除了儀容端正、舉止有度、培養品味外，更注重人與人之間的交流，培養默契。藉外在而內化，告訴他們行為教育的人文核心：理解他人、同理他人、體貼並友善地互動。

貼心小提醒

從外在行為培養內在氣質，有進度表、沒時間表。隨孩童個人資質不同與性格差異，因材施教，需家長煞費苦心，奠定孩童人格養成的重要基石！

PART 3

人際關係

17 沉迷3C產品，順應喜好延伸真實互動

平板、手機真的好好玩，但又擔心小孩近視、沉迷，該怎麼拿捏呢？

多多目不轉睛看著電視頻道裡一齣齣演不完的卡通，看到大人就央求著借他玩手機。手機裡就算沒遊戲，隨便滑來滑去，玩玩相機也好。電子產品似乎對孩子天生具有無比強大吸引力……

隨著電子產品普及，孩童使用3C電子產品機會大增。舉凡平板電腦、手機、觸控式電腦等，小小年紀開始學上網、在網路上認識朋友，利用通訊軟體聊天。面對琳瑯滿目的電子產品，家長應不應該禁止孩童過度使用呢？這些電子產品對孩童會有哪些影響？家長應該如何規範呢？

孩子用3C產品有什麼缺點？

過度使用平板電腦易有下列缺點：

- **用眼過度：**平板電腦是發光體，畫面快速閃爍會對眼睛形成刺激；距離過近造成眼睛焦距過度集中；長時間使用讓眼球過度固定一點，增加眼睛負擔、惡化近視。
- **手部疼痛：**觸控式螢幕以手指滑動操作，固定單調的運動易造成肌肉疲乏、發炎疼痛、肌腱痠麻無力。
- **過度沉迷，其他事情都不做：**遊戲聲光吸引注意力，讓孩童廢寢忘食。精神亢奮會減低食慾，就算放下平板走到餐桌旁，也「真的吃不下」。晚上腦海中遊戲內容揮之不去，影響睡眠。
- **不當模仿：**遊戲內容打打殺殺、揮拳揍人，孩童會在現實生活中不當模仿，甚至引發暴力。
- **親疏混淆：**素未謀面網友當成知心好友，混淆熟悉與陌生。將個人隱私放上網路，遭網友惡意傳播後悔莫及。

- **缺乏肢體語言互動**：電子產品仰賴文字與圖像，長期習慣此溝通模式，忽略人跟人互動的真實情況，包括表情、語氣等肢體語言，形成溝通障礙。

3C產品有什麼優點？

既然如此，怎麼那麼多家長讓孩童長時間使用呢？因為仍有其優點：

- **充當電子保母**：家長要做事，孩子吵翻天。丟一台平板電腦給他玩，居然能夠聚精會神好幾個小時，不吵也不鬧。這麼棒的保母哪裡找？
- **充當學習教材**：有些語文教材或幼兒認顏色、認動物的學習教材，皆已數位化，價格較便宜；相對童書而言，不易毀損；聲光互動能提高學習動機。
- **熟悉數位科技**：不會上網的孩子就像不會ＡＢＣ的學童，等到老師教時才發現已遠遠落後其他人。不會滑鼠操作、鍵盤打字不快的孩子剛起步就落後。適度熟悉數位科技，迎接數位化時代較快上手。

- **增加朋友**。許多國小或才藝班已成立專屬網路社團，老師公告及聯絡簿改成數位化。這趨勢會益發普及、年齡層更低、範圍更廣。孩子不單上學跟朋友聊，下課後透過網路繼續聊。較害羞或沒自信的孩子，能在網路世界中適度結交朋友，未嘗不是好事。

無論優點或缺點，每個世代的長輩都會阻止下一代做些長輩不了解的事，俗稱「代溝」：

一萬年前，長輩說：「你要認真打獵，不要整天玩泥巴。」後來

電視孩童是普遍現象，如何順應孩子喜好，兼顧教養，父母宜費心思量。

玩泥巴的人發明耕種，比打獵更好、生活更穩定。

一千年前，長輩說：「你要認真種田，不要整天聽人胡說八道講故事。」後來各種故事記錄在紙上，編纂成冊，變成書籍。

一百年前，長輩說：「你要認真讀書考功名，不要整天看報紙傳單。」後來看報紙的人知道天下趨勢，反而書本知識趕不上報紙新聞。

二十年前，長輩說：「你要多看報章，不要整天看電視。」後來看氣象預報的人知道明天會下雨，而報紙只刊載昨日的消息。

現在，長輩說：「你要多看書，少上網。」只因他們不明白網路對未來的影響。

數位時代已來臨，父母要認清

關於電子產品的現況，有些不得不承認的事實：

★多媒體電子產品是未來主流

學校推廣教材多媒體化，電子產品只會跟生活越來越貼近。既然無法抗拒潮流，就要「用好的方法適應它」，而非排斥到底。

★虛擬是真的

過去不熟悉網路的長輩認為「網友是虛擬、沒在認真的」。其實，虛擬久了，經常就變成真的。要正視「網友是真的朋友」，就好像工作上的朋友、業務上的朋友、同部門及不同部門朋友。網友也是種「真實的」朋友。父母一味否認，只是因為不夠了解。網路情誼是新型態的交友模式，難用舊思維規範，因此最好跳脫思考框架，重新定義。

★上網將是常態

過去上網不便，流量有限。現在智慧型手機無時無刻連線，不再區分「有沒有上網」、「一天上網幾小時」，而是仔細區分「適當使用時機」。難道晚上睡覺時，手機依然隨時連線，就算「一邊睡覺一邊上網」嗎？勉強定義上網時數將不再有意義。

★大人往往比孩童更沉迷

家長可能過度沉迷網路而不自知，每三分鐘查一次LINE，每五分鐘刷一頁臉書，儘管辯稱每次都只花上幾秒鐘，但跟手機如膠似漆、寸步不離，這就是過度沉迷的現象。然而，家長自己否認過度使用，就像孩童否認玩太多遊戲，都是拒絕面對問題。

家長會說：「我連智慧型手機都沒有，怎麼算沉迷？」那麼過度埋首賺錢算不算沉迷？常講電話好幾個小時？串門子聊到匆匆買外食回家？所謂沉迷，就是因某種行為耽誤更重要的家庭生活。從此角度思考，在孩子眼中，是否家長也因某些「正當理由」，耽誤更重要的家庭互動呢？這是值得深思的問題。

概括來說，面對電子產品，無論上網也好、電玩遊戲也罷，除了娛樂或交友外，還希望可取其「幫助學習」、「提升智能發展」、「刺激大腦，增快反應」等優點。既然使用平板電腦的「正當理由」在於學習新資訊，就要把「學習」這件事情講清楚。學習的過程包括：

三更半夜偷爬起來玩平板，打電動，代表孩子強大動機。

- **接觸新資訊：**透過電腦，從琳瑯滿目的資訊中擷取好的成分。
- **理解後吸收：**透過真正的了解，篩選資訊後加以記憶，融合成新學習的資料。
- **表達及互動：**能將這些資料轉述給其他人聽，或將新技能應用在生活中。
- **創造跟改變：**等到累積資料夠多，能夠啟發新思考、自創新方法。利用這些技術，一點一滴改變現實生活。

父母有原則，控管孩子的使用

要有效利用電子產品帶來的好處，可嘗試下列幾種方法：

★用遊戲拉近虛擬與現實距離

可利用遊戲中的角色，讓孩子「當導演」，重新鋪陳故事，比如說這是關於友情、勇氣與冒險精神的故事。讓孩子充分發揮想像力，將學到的新觀念「演出來」（表達與互動），日後才能適時應用。

★重新分類，明定使用範圍

將「電視」、「手機」、「電腦」、「平板電腦」加以區分使用範圍及時數。例如：為防止傷害視力，手機不能拿來玩遊戲。將來為了安全理由讓孩子帶手機上學，也要採一致管理。用電腦在網站上寫作業，電腦裡就避免儲存遊戲，要玩就在平板上玩，以做區隔。時間規範：不乖、受懲罰時縮減遊戲時數等。

★利用虛擬角色的積極面

孩子模仿力強，如果模仿忍者，就可以跟孩子說「忍者很有耐心，會乖乖把飯吃完」。透過角色模仿，取其優點，寓教於樂。

★強調網路與現實的對話情境差異

孩子學了遊戲角色裡的對話，用同輩口氣跟媽媽說話，這時要予以糾正。網路語言看不到真實表情，所以會誇大文字或圖像表達。父母要強調現實與網路兩者的差異，避免孩子誤用網路口語。

★正視家庭角色位階

有些事就是「大人能小孩不能」：大人能夠自由地滑手機，聊天或傳訊息，孩子就應受家長管制。這種無所謂「平等」，無關「為何大人可以我就不行」。反正就是：家長說了算。位階不同，管制就不同；孩童手足間年齡不同，管制也不同。這是角色位階差異，跟公不公平無關。把話講清楚，孩子才聽得明白。

★利用外語網站或外語頻道

孩子學習力常遠超過家長想像，好好利用這點，可得到意想不到的效果。例如告訴多多：「你只能看一集阿寶歷險記，如果要多看，只能多看三十分鐘，而且只能看英文版的。」多多沒魚蝦也好，看英文版也接受，沒想到因此學到很多英文單字。電腦或網路亦然，好好運用孩子玩平板電腦的強烈動機，多賺些好處，一舉數得。

★固定場所使用

此概念跟「吃點心儀式化」類似。很多孩童拿了平板電腦就要玩：餐桌上、地板上、沙發上，躺著、趴著都可以玩。不但造成姿勢不良，光線不足也傷害視力。既然要玩，就在規定的地方玩：如果在書桌上玩，桌上雜物要先收好；在房間裡玩，衣服先摺好；剛吃完飯，洗好手才玩；睡前玩，刷好牙後才能玩。透過玩平板電腦的強大動機，順便訓練生活習慣。

貼心小提醒

3C產品普及是趨勢，如何讓孩童在資訊化、數位化的浪潮中，站上最有利的位置，是需要每個家長深思的問題。隨著孩童年齡增長，更需持續關注其網路使用及網友互動等細節。

18 爭先恐後打打鬧鬧，培養默契一起玩

孩子會打人咬人搶玩具，是不是因為家裡會打小孩？

伍花剛進幼稚園，一開始大家相處不錯。才過兩個禮拜，老師告訴媽媽說伍花喜歡跟人搶玩具、前兩天還把人推倒，對方手掌磨破皮……

孩童接觸同儕團體後，開始互相比較：比誰個子高、比誰衣服新，什麼都可以拿來比。在競爭關係中，運用得宜可產生積極的正向動力。好比兩個孩子練習賽跑，教練運用競爭關係，透過動力互相砥礪，孩子越練越快。這邏輯可擴展到學習、功課、人際關係等，是孩子從學校同儕團體中學習的重點。

孩子為什麼打人？

問題來了：今天家長被師長通知，說家裡小朋友會出手打人、跟同學搶東

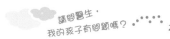

西、欺負別的小朋友，往往束手無策。這時我們可掌握幾個重點：

★學校生活來自家庭生活的延續

一個在家不會打人、搶玩具的孩童，到了學校卻會，這時要考慮是不是因為孩子認為「眼前的玩具就是我的」、「我想要的都可弄到手」。一直抱持這種錯誤想法，但由於家中沒有競爭對象，大人也都讓他，所以相安無事；到學校有「同儕」這個競爭對象，於是動手搶玩具。

★孩子這麼做，是因「經常有效」

打人搶物往往是冰山一角，孩子會採取這種行為，是因為可以有效地得到想要的東

搶玩具，比力氣，孩童同儕間充滿競爭。

西。是否打人一次要假設已經發生很多次？由於「孩子個別行為」與「孩子與同儕間互動行為」不同。畢竟主動打人的不會主動告狀，被打的也不見得每次發生打人搶玩具就動輒告狀，所以是多案少報。家長遇到孩子打架搶東西，最好還是審慎處理為佳。

★動手孩子的動機不易被同理

孩子動手當然不好，然而即便是幼稚可笑的動機，孩子動手通常有其理由。但事情之所以鬧大，通常是動手造成對方受傷，焦點完全集中在這點。至於當初為何動手，則常遭忽略。原始動機沒被關注，孩子潛意識裡會以其他方式暴露出來。最常見的，則是再度發生暴力動手。

★動手是最低成本的掠奪方式

孩童看到糖果就想吃、看到新奇玩具就想玩。最直接的方式，就是伸手去拿。孩子如果不是直接拿，就要另外找理由說服對方，或是想其他辦法弄到手，皆需花額外心思。動手既然那麼方便，養成習慣後，要改當然得花一番功夫。

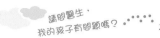

★孩子的改善不容易被發現

十次想玩別人手上的玩具時，打人十次，被發現一次；遭到訓斥後有改善，十次想玩別人手上玩具時，打人六次，其餘四次用其他新學到的方法。最後打人的事實依舊被發現，卻被當作毫無改善。大人只看到原來的舊習慣，看不到孩童的改進。挫折累積之下，乾脆相應不理，變成彆扭的小霸王，怎麼講都講不聽。

伍花媽媽百思不得其解，明明家裡玩具一大堆，為什麼伍花要跟別人搶呢？伍花搶來玩具也不怎麼玩，就是要搶別人手上的。在家裡，大人都讓著她，若沒空理她就會開始搗蛋、鬧脾氣。大人以為不過是撒嬌，不以為意。養成習慣後，伍花想找別人一起玩時，若對方沒興趣，她就開始搗蛋。對方被激怒了，兩個小朋友追來追去，看似玩在一起；若對方還是不理，伍花搗蛋程度就會擴大，開始搶東西、拉人頭髮。當初是想找對方玩，卻因為不知道該怎麼表達，於是就用老方法「搗蛋」。剛開始有效，伍花也以為這是個好方法。豈知其他小朋友越來越不買帳，伍花只好把老方法擴大，直到有小朋友被推倒受傷……

教孩子正確建立人際關係

伍花媽媽得知原委之後，針對「如何跟別的小朋友一起玩」這件事，試著教導伍花：

★**物權觀念**

孩子在幼兒時期會認為「眼前所有東西都是我的」，隨著成長，教導物權觀念，包括使用自己的餐具、自己的房間、自己的小盒子裝珍愛的物品。讓孩童越來越清楚知道家庭中的界線在哪。當孩子更明白後，要開始教導抽象的物權概念，包括地盤及所有權的概念：

- **地盤概念**：到別人家中作客，就是到人家的地盤，舉止要比平常更禮貌。不能因為叔叔阿姨很親切就不顧一切玩瘋。
- **所有權概念**：到別人家中玩，雖然孩童們一起玩，但要明白「玩具還是別人家小孩的」，要比平常更愛惜，態度要客氣。

透過學習，孩童的人我分際會逐漸清晰，自然較少故意侵犯別人。

★好好商量，用「借」的

小朋友還不大會說話就學習跟同伴一起玩。如果玩具所有權是對方的，玩到一半對方如果要性子，斷然要把玩具「收回來」，那麼要怎麼跟對方「說」呢？家長趁勢教導孩子「如何好好商量」等互動技巧。如果大人沒注意，孩童可能「自行解決」：包括動手搶、起爭執，搶贏了大人依舊沒發覺，這種行為被孩童歸類成「有效」，將一再重複，埋下蠻橫無理的種子。

輪流遊玩，分享互惠，是孩子學習人際關係的重要基石。

★對等共享、輪流及等待

公園設施如溜滑梯，是要排隊輪流、跟對方配合、避免爭先恐後。如果像盪鞦韆則需要等待，玩好了才換人。如果對方「長時間霸占位置不肯讓出」，家長可帶著家裡小朋友試著示範「如何好好商量」：先找對方家長、再找霸占的孩童好好說。重點不在於能不能玩到鞦韆，而在於示範商量的過程。

★培養默契、模仿學習

紅綠燈、抓鬼等團體遊戲，帶點競爭意味，重點在「團體遊玩的熱烈氣氛」。如果沒有默契，老是同個人當鬼、或為了爭取勝利而破壞規則，最後大家玩不下去。大人不能放任「誰叫他跑得慢，活該一直當鬼」，不然老是當鬼的小朋友惱羞成怒離席，遊戲玩不下去，其他孩子也沒學會團體默契的重要。

★長幼有序、階級與倫常

階級跟倫常是為了讓孩童能適應社會文化，所不得不採取的制式教育觀念：

有時哥哥就是得讓弟弟、大的讓小的、強勢的讓弱勢的。班上有個輕度自閉學童，對於單一玩具（如校園裡的鞦韆）較執著，幾乎長時間霸占，基於團體互助概念，其他同學平時多讓讓他也合乎情理。

年長的優先（老大穿新衣、老二撿舊衣）、團體遊戲時年紀大的當隊長、或男生禮讓女生先洗手，女生禮讓男生多吃塊蛋糕等。其中不必然有合理邏輯，但確實符合社會默契。

當資源有限，無法達到「所有人平等」，只能依據倫常，給予機會教育。但盡量要合乎理性，讓孩童有規則可循，避免「會吵的孩子有糖吃」的錯誤印象。

貼心小提醒

孩童的打人、搶玩具行為，核心在於「沒辦法好好一起玩」、「想好好一起玩卻找不到方法溝通」。針對原因加以理解並引導，往往事半功倍。

19 孩子被霸凌，家長理直氣和設停損

在學校被欺負，應該要大事化小，還是據理力爭？

大波回家跟媽媽說：「坐我隔壁的男生一直打我頭，真的很煩！」媽媽聽了又氣又難過。後來還發現大波不敢跟老師講。雙方上課打鬧被老師懲罰後，對方下課又跑來找大波玩，大波不記前嫌，很善良地主動原諒對方。大波媽媽不禁想：孩子是不是太懦弱、太容易心軟了？

孩子被其他小朋友欺負，不必然等於遭受霸凌。長期遭受霸凌或蓄意霸凌他人者，通常發生在年齡較大的孩子，例如國小中高年級。

霸凌事件常是家長們關注的焦點，在此先討論一般狀況。

什麼樣的孩子容易受到霸凌？

得知孩子被欺負、疑似遭受霸凌，首先要了解你的孩子屬於哪種類型：

★優秀型

優秀型孩童被霸凌的主因經常在於鋒芒太露。這裡所指的優秀，包括外貌打扮、特殊才藝、功課頂尖、討老師歡心。孩子不一定做錯了什麼，上台領獎狀或經常得到讚美，就是有同儕看不順眼，讓孩子無辜成為被霸凌目標。若孩子因表現優秀而喜形於色，更是火上加油，被當成「太臭

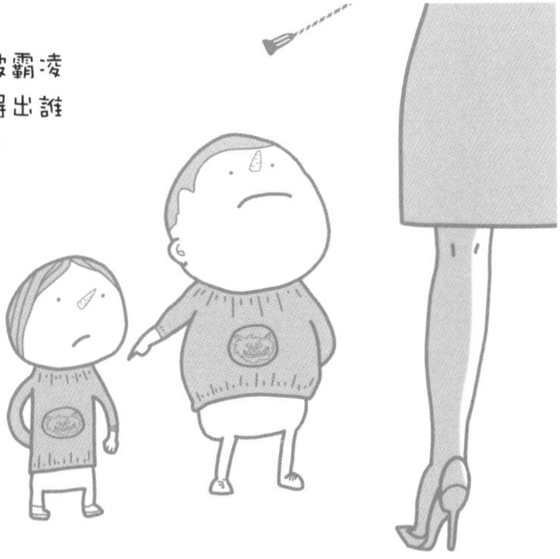

優等生、大個子也可能是被霸凌者。左右兩個小孩，你看得出誰是霸凌者，誰是受害者嗎？

屁」；或因自己優秀而無法同理別人的挫折（自己數學很好，就說別人「怎麼連這都不會，好笨！」），被當成「白目」，被排擠的可能性增加。

★缺點型

這類孩子是優秀型的相反：家境不好、衣著髒髒舊舊、父母社經地位偏低、育幼院出身、反應慢半拍、特殊疾病或外貌缺陷、體重過重、在體育競賽中被當成拖累全體的罪魁禍首等。缺點型孩子無法選擇自己的出身或外表，表現落後也非己所願。但孩子們的世界相當殘酷，無論是欺負弱勢或尋找代罪羔羊，缺點型的被霸凌者經常有苦說不出，甚至認同加害者，內心自責並怪罪自己。

★平庸型

孩子並沒有特別引人注目之處，可能個性內向、平常安靜沒特殊表現，卻運氣不好，隨機被不良份子盯上，遭到霸凌。被霸凌者被挑上主要是機率問題。適當轉移注意力或讓霸凌者「覺得麻煩」，通常對象就會轉移。

哪種孩子容易霸凌別人？

當家長被老師告知自己的孩子會欺負同學，形同霸凌加害人時，要想想自己孩子可能是下列其中一種類型：

- **「恃強凌弱」型：**功課好、體育健將、班上風雲人物，是班上強勢人物。單方面地長期取笑、捉弄特定對象、超過尺度、經被霸凌者抗議仍不以為意，就形成霸凌。
- **平庸集團：**表現不突出，但團結成某個小集團，對更孤單弱小的同學霸凌。除暴力霸凌外，也可能採取「冷漠霸凌」（故意把被霸凌者當空氣無視）、「孤立排擠」（故意不配合或不跟被霸凌者玩），利用團體的力量針對某人進行心理壓迫。
- **單純使壞的潛在不良份子：**假設對方家長本身素行不良，耳濡目染的孩童，便會模仿父母的行為，對其他同學耍流氓。對方長大後可能變成抽菸、打架、逃學等的不良份子。

遇到霸凌，該如何處理？

孩童間的爭執或疑似霸凌事件，不易處理。以下方針可讓家長們參考：

★平靜地向老師尋求協助

懷疑孩童被其他同學欺負，首先要找老師釐清原委。暫勿預設立場，也小心別讓情緒干擾自己思考。每位家長都希望老師站在自己的小孩這邊，假設老師狀似替對方說話，家長因而暴跳如雷，反讓事情更難處理。心平氣和地聽老師陳述，把老師當成夥伴，共同商討解決之道，才是最好的辦法。

★擔任階級幹部

除孩子本身狀況外，孩子之間的衝突常跟老師的階級授權有關。

老師指派孩童擔任班級幹部，如班長、風紀股長、各科小老師等，本意是讓孩童學習團體生活。然而老師在賦予權力時也應強調「責任」，否則孩童產生階級意識卻忽略「權力—責任」連結，可能濫用職權、恃強凌弱。

學業表現難免形成階級，只不過成績好的不一定得人緣。

數學小老師獲得授權，課餘時間指導學習落後的同學。小老師以指導口吻訓斥，稍加嚴厲敦促學習，這是老師授權的權力。相對應的，小老師也要負起「讓落後同學充分學習」的部分責任。否則，自恃「數學小老師」身分任意罵人、口無遮攔，形同語言霸凌；潦草解題、教學敷衍，將學不會的責任回推給同學，「誰叫他那麼笨！」這就是典型「權力—責任」不對等的狀況。

試著讓被霸凌者擔任某幹部，經由老師的授權而提升地位，可間接減少被霸凌的機會。

若被霸凌者是因原本職務被針對，例如擔任衛生股長，因掃地問題跟同學爭執，適當調整職務可減少衝突發生。

★詢問孩子的好朋友們

孩子在班上總有好朋友，平常可以多跟這些孩子及其家長保持聯繫。同儕團體內的糾紛，最自然的方式還是在同儕間解決。孩子有伴，遇到困難有朋友相挺，較能減少被孤立霸凌。家長之間的橫向連結，在此發揮關鍵作用。

★挑選適合孩子的學習環境

若孩童是因本身狀況被針對，例如過動或智能較差，則需要特教資源介入，挑選適合孩子程度的學習環境會比改變環境來得重要。

智能較差的同學，勉強待在普通班，容易被針對而遭受霸凌；智能普通的同學，勉強待在資優班，易因落後而自信低落，也跟同學產生隔閡；沒特殊才藝的孩童，硬加入舞蹈班、美術班，其實也不恰當。

挑選真正適合孩子的環境，讓孩子在恰當的環境中成長。

★跟對方父母見面

跟對方家長及小朋友共同會面，並非單純爭執誰對誰錯，而是透過這樣的行動澄清誤會，並向雙方親子表達「大人們很慎重地看待這件事」。怕麻煩的霸凌者會因此轉移目標。若一味指責對方，霸凌者可能改為孤立排擠或其他手段，如此並沒有徹底解決問題。

★帶孩子看看自己面對壓力的樣子

跟對方父母見面時，某種程度也是呈現緊張態勢，就算不追究誰是誰非，但雙方家長皆知見面的弦外之音。

家長採取成熟的互動態度：

- 溫和的語氣
- 堅定的態度

- 清楚告知雙方彼此間的界線
- 積極尋求合作並達成口頭承諾

讓孩子看見父母面對壓力時的因應，學習父母應對進退。應用到生活中，階段性地用新的策略面對可能被霸凌的情境。

★有些事情不能教，即使孩子自動會學

父母很難教導孩子如何透過耍脾氣來操控他人，但這確實是個重要技術。如果孩子會用耍脾氣操控同學，或利用轉移目標，讓別人當替死鬼，甚至自己也加入霸凌行列，以求自保，事情當下會簡單得多，但長遠來看，有其隱憂。實務層面上，這種狀況確實會發生。家長無法這樣教，但孩子可能透過觀察，自然而然地學會。

注意，別犯下面三種錯！

★勿遷怒孩子

孩子已經無辜被欺負，父母若氣急攻心，將自己的情緒轉移到孩子身上，容易造成反效果。

強硬派爸爸灌輸以暴制暴的方法：「你就用力打回去！」孩子原本個性溫和，硬要他學，沒照著這方法就嚴厲指責，這樣只是「表面上是在教導，其實是情緒遷怒」。

「我不是告訴過你要這樣做嗎？」家長想了多套劇本，一股腦傳授給孩子，希望孩子自立自強。但實際上家長很多時候對校園生活無能為力。這種挫折大人們要盡量自行吸收或透過其他方式化解，避免將這種無力感轉嫁到孩子身上。

勿遷怒並不代表家長裝沒事，神色自若。若父母很憤怒，卻刻意扭曲成平靜無波，這也是種變相扭曲的情緒。若感憤怒不滿，依舊可適當表達，重點是「不將自己情緒歸咎到孩子身上」，同時加以清楚說明，讓孩子知道「我生氣，但不是針對你」。親子共同面對這種情境挑戰、共同承擔負面情緒，進而達到「情緒同步」的心理支持效果。

★勿過度期待強大的仲裁者

即使是成人，在面對問題時仍幻想有公正無私的法官能出面仲裁，嚴懲壞蛋解決一切問題——只要這個法官能站在我這邊。老師無法處理就去找學校主任、再不成就找校長，上訪教育局，甚至找媒體找議員。這一連串行為的核心概念是「你霸凌我，我就找更大的力量霸凌你！」

當然，依制度逐級上報無可厚非，但若過度期待這樣就能解決所有問題，恐事與願違。多方進行，利用各種管道協調，才是長治久安之道。

★勿企圖「導正」對方，並期待對方認同自己的觀念

面對疑似霸凌事件，初期處理重點在「保護自己的孩子」而非「讓壞份子痛改前非」。雙方家庭互相溝通，能達成共識是上策。至少在保護孩子的前提之下，雙方同意「井水不犯河水」，保持距離以策安全。若對方不認錯或無法認同

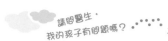

自己的教育邏輯，家長也不宜勉強對方接受，否則談不下去，甚至破局，芥蒂仍存，壓力點容易再度爆發。

貼心小提醒

面對孩子疑似長期被欺負或遭受霸凌，家長要積極處理，同時設立最壞打算的停損點。從保護孩子的觀點出發，雙方親子互相溝通，勿執著於誰對誰錯，將重點放在「讓孩子脫離被霸凌的情境」。若持續無法解決，必要時需考慮轉換環境。

20 見長輩不打招呼，大人小孩互動有撇步

要不要逼小孩叫人？小孩沒禮貌，大人氣得直罵有用嗎？

伍媽媽招待客人來家裡玩，門鈴一響伍花立刻躲到廁所裡。好不容易出來，躲在媽媽身後怯生生地不敢叫人。客人親切地拿出禮物玩具熊給伍花，她卻躲得更後面了……

孩子打招呼，是逐漸社會化的過程。嬰幼兒時期，視力及認知功能還沒發展好，認不得遠近親疏，親友不分遠近可輪流抱著嬰兒逗弄。

等到嬰孩會認人，就會對陌生人產生排斥。這是自我保護功能，因為熟悉＝安全、陌生＝危險。隨著孩童成長，在大人要求下，逐漸卸下心防，開始認識更多人。出於本能，依舊對陌生人保持戒心。在這一來一往中，逐漸社會化。見人打招呼，是社會化的最初階段。

為什麼要學習打招呼？

孩子練習跟別人打招呼，主要有以下幾種意義：

★辨認親屬，學習稱謂

孩童剛開始只認識主要照顧者如爸媽，接著認識手足。隨智力發展會認識並記住來訪的親戚們的臉孔。爸媽會多次一一介紹，讓孩子熟悉親戚的稱謂。

★培養生活禮儀

除了「知道」哪些親戚外，進一步會要求禮貌地主動打招呼。來訪家中的親友多是親切和善的，願意主動跟孩子親近。但在禮俗上，晚輩要主動向長輩打招呼問好，被動會被當作無禮。於是光「知道」不夠，還要主動以行為表達，藉此培養禮貌。

★增加安全，適時求助

孩童缺乏自我保護能力，認識更多親友代表著「能獲得更多保障」。父母有時拜託親友幫忙臨時照顧，孩童跟這些「救火隊」熟稔，不但大人放心，孩子內心安全感也增加，較能主動提出需求。曾看過某位媽媽臨時外出半小時，拜託朋友幫忙看小孩，結果孩童跟阿姨不熟，想上廁所卻不敢說，最後尿在褲子上。如果那個小孩能跟媽媽的朋友更熟悉些，就不會因害怕而不敢提出如廁需求。

★練習因應情境壓力

孩子面對不熟悉的大人，易因陌生產生懼怕。即使是在熟悉的家中，仍因害怕而躲回房間。孩子需要慢慢地適應這種情境壓力，學習克服恐懼，練習與陌生友善的大人接觸。若過度保護，孩子缺乏在安全環境（家裡）中練習克服情境壓力，到了外頭挑戰更大，恐更難適應，習慣性退縮，遇到情境壓力就躲起來。在安全的環境中試著利用親友來訪，透過情境壓力練習。

★塑造社會化的溝通模式

孩童的肢體語言比口說語言更豐富，一邊玩一邊學習溝通。國內少子化，一位孩童往往同時面對好幾位大人，爸爸媽媽、叔叔姑姑、爺爺奶奶皆同住一個屋簷下，家裡只有唯一或唯二個小孩。孩童大部分時間都在學習如何跟長輩打交道，跟同儕相處只占小部分。同儕由於年齡相仿，程度相似，可在較平等的狀態下互相學習。大人跟小孩相處，大人居於明顯優勢，小孩被迫「加速成長」。舉例來說，小孩必定辯不過大人，爭論到後來必輸，於是退縮或哭鬧。所以更需家長適時引導，讓學習曲線較為順暢。

每個階段的孩童會遇到不同程度的適應障礙。有些孩子運氣好、學得巧，能跟其他人（無論大人或小孩）打成一片，養成開朗個性；少部分孩童並無先天自閉或明顯障礙，只因學習初期遇到困難，不巧家長又無適時協助。初期還以為孩子個性內向，後來才發現原來是溝通能力未能順勢發展，繼發溝通不良，與他人互動性差。

孩子不叫人，先了解原因

以孩子向他人打招呼為例，遇到的困難可能有以下這些情況：

★被父母要求逢人就叫，按稱謂、照順序：爺爺奶奶、叔叔伯伯。

- **可能的困難：**孩子來不及記得那麼多人，搞不清楚誰是誰；或久未見面，孩子忘了這些人的面孔。

解決之道 若隔日將有親友到訪，預先用相片複習，幫孩童回憶這些人的稱謂，增加熟悉、減少陌生。

利用照片讓孩子熟悉親戚們，可減少陌生感。

• **可能的困難：**本來願意叫人，突然變得不喜歡打招呼。

解決之道 通常是孩子鬧彆扭，例如上次搗亂被長輩責罵，現在相應不理；上次長輩跟自己玩過頭，孩童心生懼怕、避而遠之。這時刻意勉強恐適得其反。過段時間大部分孩子會化解心結。

• **進階困難：**孩子不想叫人、怕生不熟、想睡想玩、一次要叫太多人很煩等。孩子有各種原因會對陌生人不理不睬，家長難免有些尷尬。

解決之道 先解決孩子需求。如果孩子明明很累想睡，硬要勉強，反彈會增加；孩子正聚精會神看電視，不願分神跟長輩打招呼，家長此時可能會火氣上升。但不要忘了，一碼歸一碼。日常的教養律定（看電視與否）要避免在父母準備招呼客人時同時處理，因為這時父母的情境壓力增加，易順勢轉嫁到孩子身上。若是「為了打招呼而不能繼續看電視」，孩子將此連結，日後更加排斥跟人打招呼。

★為表禮貌教養，打招呼除了出聲叫人，眼神接觸、語氣、態度都是溝通的肢體語言。

- **可能的困難：**打招呼只為了符合父母要求，並沒有真正要跟其他人互動。

解決之道 尊重孩子的選擇。如果孩子真的對來訪的親友「興趣缺缺」，硬加勉強效果也不大。若孩子熱絡只因「訪客會送禮物」、「訪客會拿手機讓自己玩遊戲」，偏離互動的本身，這樣也不好。

- **可能的困難：**孩子可能並非不願意打招呼，只因過於害怕或陌生。

解決之道 父母教導孩子「打招呼要看著對方」。在細節上，若孩子懼怕兩眼直視對方的壓迫感，可引導孩童試改看對方鼻子或嘴巴，藉此分散注意力。在訪客的配合下，能利用取綽號等方式降低孩子恐懼。例如某朋友面貌兇惡，常嚇到小孩，後來取了綽號「史瑞克叔叔」，每次跟小朋友打招呼也願蹲下來，避免高大身材造成心理壓迫。透過孩子對卡通電影的熟悉感，降低孩童的恐懼，順利跨過心理障礙，發現這位史瑞克叔叔其實面惡心善，對小朋友很好。大人可以先藉由語言跟肢體動作，展現熱切友善、願意溝通的態度，讓孩子卸下心防。

溝通是多層次、多面向的

打招呼是溝通的第一步，而溝通是多層次、多面向的。人跟人之間要充分溝通，首先雙方調整一致的溝通頻道，才能開始進行對話內容。以ＡＢ兩人為例：

Ａ發出溝通訊號→Ｂ接收訊號→

Ｂ解讀訊號後，向Ａ回覆→

Ａ接收來自於Ｂ的訊號，然後再度發出訊號，表示收到Ｂ的回覆→

此時Ａ、Ｂ建立好順暢的溝通頻道，接下來就可準備傳遞更複雜的內容。

套用到大人生活中的狀況就是：

在會議中，A偷偷對著B眨眨眼（發出訊號）↓

B見狀，並知道A試圖傳遞某個訊息（接收並解讀）↓

B也眨眼，回做一個表情（回覆訊號）↓

A看到B已經準備好了，於是把眼睛望向某特定人（再度發出訊號）↓

B順著A的目光看過去，發現某主管正在打瞌睡，嘴巴張開。然後B回望A，兩人相視竊笑。

例子中A、B透過非語言達成高層次互動，這是雙向溝通的基礎模型。孩童正在學習階段，表達較為片段，需要更強的接收力及表達回饋。

注重互動品質，而非責罵強逼

依上述溝通模型，首要建立相同的溝通頻道。有些大人不熟悉跟孩童的雙向溝通，採用單向溝通，易遭拒絕或溝通品質不良。

明明孩子看起來悶悶不樂，卻要求「還不快打招呼！」孩童已經不喜歡某種玩法，大人卻一直嚇他，把這種行為辯解為「我是跟他玩」、「我是訓練他不要怕陌生人」，遭到孩童拒絕後惱羞成怒，轉而指責孩子的父母，用說教的語氣說：「怎麼沒教好，見到人都不打招呼！」「你這樣過度保護，孩子會越來越自閉！」這是利用家庭位階擺出權威姿態，利用社會情境壓迫孩子及孩子父母，沒想到自己應該用貼近孩童的方法互動。

大人可參考以下方式化解孩童心房：

- **寵物：**家養寵物通常能引起孩

孩子眼中的大人像巨人一樣陌生，甚至恐怖。

子興趣，孩子對大人戒心降低。例如稱呼「貓咪阿姨」「米格魯叔叔」等。

- **誇張語調：**習慣跟小孩說話的大人，往往用較誇大的語調來表達正向情緒，「偉偉你好棒喔！你怎麼讓這台小車車可以跑這麼快啊！」「山姆你好慷慨！願意拿餅乾請阿姨吃！」
- **強調情緒：**直接將感受「說出來」，讓孩子覺得被接納。「小瑜今天來阿姨家玩，阿姨很開心！待會有準備很多好吃的東西喔！」「沒想到在半路上會遇到妙妙，真是驚喜！好開心！」
- **利用卡通圖案：**孩子或自己身上有卡通或動物圖案，可用這些來跟孩子對話。「芊芊你揹的包包好特別，這是誰？（指著卡通圖案）」「你看阿姨身上也有貓咪圖案，有沒有找到？（引發興趣）你看，在這裡！（增加互動）」
- **詢問孩子已經知道的答案：**依程度詢問孩子有能力回答的問題，例如年紀、有沒有上幼稚園、有上哪些才藝課、有哪些好朋友等。孩子太小就詢問更簡單的，例如「這是誰？（指著媽媽）」「他是誰？（指著卡通圖案）」先讓孩子願意開口，就能繼續交流下去。

- **重複的行為有其意義：**小孩會在遊戲中表現重複行為。例如玩積木：孩童拿特定某台小汽車，重複從車庫開出來↓繞一圈↓停回去。大人只見重複動作，在孩童腦海中想像是鮮明地再次經歷，他不覺得是重複。好比坐雲霄飛車，雖在同軌道上轉圈，但每次搭雲霄飛車都是一次精彩過癮的經驗。大人覺得無聊，孩子體驗卻非常深刻。重複的玩法有其意義，若有時間就陪著無妨。

貼心小提醒

孩子跟人打招呼、培養禮貌習慣，在這些外顯行為後面，重要的是與人互動的特質與內涵，是學習社會化的重要部分。我們可以不強迫其外顯行為，如對幼兒強制要求打招呼等，但是對於其社交溝通的互動學習要給予引導，協助孩子順利成長。

21 過度保護猶不及，行為退化停看聽

明明已經會的，怎麼又賴皮說不會了？

這天出門準備下樓梯，大波才走到樓梯口卻說：「我不會走！」媽媽傻眼，大波怎麼突然退化了呢？問他為什麼不會走，大波說：「太高我會怕。」爺爺這時走出來，牽著大波說：「乖，我陪你下樓梯。」大波默默跟著爺爺，回頭看著媽媽手上抱著的小寶，彷彿想要說些什麼……

孩子的退化行為常跟心理狀態有關，是原始的心理防衛機轉：退化成嬰幼兒時期，可獲得較多的保護與依賴。在高壓力情境下是個輕鬆的應對方式。

孩子退化遠因是找不到其他的因應方式，最後衍生心理及行為退化。有時父母不察，孩子也會以「不恰當的行為進化」來因應壓力。針對這些問題，我們試著加以分析。

為什麼孩子學不會？

孩子的行為可以大略分為三種：

★行為退化：原本會的行為，變成不會。

- **太久沒用而生疏：**上個禮拜學過剪紙，中間沒練習所以忘記了；五歲學過踢足球，三年沒練習，八歲踢足球要重學一遍。太久沒練習，過去曾學過的記憶在大腦已經淡化，難以喚回。
- **因心理狀態而退化：**大波已會拉拉鍊，小寶還沒學會。父母都幫弟弟穿夾克，還敦促大波動作要快點。大波因為心理衝突而退化，突然變得不會拉拉鍊。這是一種自我心理防禦機轉，用來減少內在的衝突與不平衡。

★行為發展不足：原本應該要會的行為，卻還沒學會。

- **環境限制：**看似不會，其實是環境的關係。家裡的流理台過高、飯鍋也太重，大波無法練習洗米煮飯。如果有較矮的流理台以及較輕的飯鍋，只要年齡到了，大波很快就能學會怎麼洗米。反之若設備無法配合，大波即使上國小也沒辦法學洗米。阿慶在偏遠鄉區長大，村落裡車輛稀少，沒有紅綠燈，沒機會學習依交通號誌過馬路。到了念國中搬到鎮上，大人講過幾次後，阿慶很快就學會了。

- **過度保護：**家人從不要求孩子掃地洗碗，過度保護。如今一旦要求，孩子會排斥，認為突然增加勞務，甚至有被懲罰的感覺。推託沒學過、不會做。目前國小五六年級的孩子未曾洗米煮飯者比比皆是。

- **位階限制：**老大可以訓練領導力，老么在家庭中排行最小，即使想領導卻苦無對象。大波負責幫忙帶弟弟，大波已學會自己上廁所、先學會騎腳踏車，會趁機教導小寶。小寶沒有弟弟妹妹，沒了小跟班，就沒機會練習「指導後輩」，個性易偏向習慣服從，不知如何帶領別人，同時依賴指示，有錯「帶頭的扛」。

★行為能力被錯估：腦力發展不同步，被大人高估或低估行為能力。

• **認知發展較早**：邏輯認知發展較快的孩子，口語表達能力可能還跟不上，無法充分表達其喜怒哀樂等情緒。明明已經通曉一些事情，卻遭到別人低估其能力。孩子想表達的講不清，情急之下便會發脾氣。若大人不明白，孩子還會被當成壞脾氣。

舉例來說，素熙三歲時已能分辨「自己的玩具」等物權。這天其他小孩來家裡，媽媽拿出素熙玩具讓大家一起玩。素熙雖然不願意，但不知道該如何用講的表達，也不知如何用行動阻止其他小朋友玩自己玩具，最後只好直接哭出來。這個例子中，素熙已明白物權，也想保護自己的物產，大人卻認為他「年紀還小，應該沒關係」、「玩具本來就要大家一起玩」，對於素熙的哭泣直接予以忽略，不刻意處理。素熙覺得遭到漠視，哭更大聲。

• **語彙發展過快**：有些孩童語彙發展較快。但語言表達只是部分大腦功能，其他包括情緒成熟、感覺統合、溝通能力等。語彙豐富、口齒伶俐的「小大人」，常因「不恰當的行為進化」讓大人高估其行為能力。

舉例來說，媽媽責備黃晶挑食，結果她回答：「我應該有權決定我喜歡吃什麼吧？難道大人每種食物都喜歡吃嗎？這樣逼我，我會很憂鬱。」黃晶的語彙聽來振振有詞，其實她才七歲，本該受大人約束。然而黃晶媽媽一時語塞，不知如何說服她，只好作罷，任由其挑食。這是過度高估孩子的結果。

- **截長補短：**用強勢發展補足弱勢發展。

＊低智商孩子的群育要求較高：功課比不上別人、做事慢半拍，長期下來孩子為了避免遭受責難，會截長補短，學會適應：融入團體（降低個人特色，希望大家都一樣）、講究和諧（少表達自己意見，以團體意見為主，也討厭別人發表不同於團體的意見）、從眾心理（以多數意見當真理，過度在意他人認同）。

優點：只要不突出於團體，就不易被盯上。真出事也是大家一起扛。這基本上是個合理的團體適應方式。

缺點：發展出話術來掩飾缺點，包括語帶模糊、高深莫測，甚至斷章取義、假造說謊等。在這個狀況下，容易高估其認知能力。比如說：因為不會算術，回答「我忘了這個多少錢」，而不說「我不會算」；考試答錯，稱「我來不及寫，我沒看到這邊還有題目，我睡著了」，而迴避「考試太難我不會寫」。

＊智能較高的孩子刻意忽略群育：在人際互動上受挫，不知道該如何改進，所以發憤圖強，以功課表現爭取師長認同，以智育（強勢發展）來彌補其不足。

優點：原本我們就應該截長補短，發揮優勢。

缺點：對缺陷刻意迴避，視而不見，以扭曲的觀念替自己的缺點辯護。比如會出現下面幾個例子：

1 覺得自己是醜小鴨，沒別人漂亮，於是用功讀書來爭取認同，結果長期抗拒打扮，聊天時迴避外貌議題，或刻板認為「追求打扮是膚淺無腦的行為」。

2 說話容易得罪人，不學習如何講話圓融，反而憑藉著優異智育恃才傲物，自認「不跟笨蛋們一般見識」。

3 家長通常相信「功課好的孩子很聰明，聰明的孩子樣樣好」，於是高估其他方面能力。

行為退化的背後，是想跟父母說……

孩子的每一次行為退化或犯錯，都是在向父母表達「請重新評估並調整我的發展進度表」：

★如果我學得太快，我只會更累

如果大波學會摺棉被，以後就多了一項任務。長期下來就變成「多做多錯、少做少錯、不做不錯」。既然如此，還是省些力氣，不要學那麼快。

解決之道 「限定學習範圍」，告訴孩子：不會因為學會煮白米飯之後，下次就要求他炒菜。家長應依照情境跟年齡調整進度表，並給予口頭保證：不會因為大波學會摺棉

我會自己穿鞋，自己揹書包，
把拔馬麻怎麼只照顧弟弟？

被，下次就要求他打掃房間，或要求他幫弟弟摺棉被。

★如果我學得太快，我會失去更多愛（注意力）

如果大波很快就學會自己綁鞋帶，父母出門時只把力氣花在小寶身上，大波就覺得失去父母關注。

解決之道 撥出「親子專屬時間」給大波，當成額外獎勵；同樣地，當小寶長大，也額外撥出專屬時間給小寶。接著由孩子自主決定，看看這個專屬時間是否願意跟手足同享。

★如果我學得太快，你會捨不得

孩子認得回家的路，可能就不再安分地一路上緊握爸媽的手。老實說，孩子太早把手放開，父母也捨不得。有時孩子稍大，還願意回頭撒嬌，牽父母的手，家長也感窩心。

解決之道 偶爾的退化跟撒嬌只有一線之隔，父母在包容之餘，可試著了解背後的原因。有時根本原因在於「父母捨不得孩子長得太快、太成熟、太不需要爸爸媽媽的保護」，父母本身的心理需求，無意間助長孩子的依賴及退化。但不必擔心，自然的親子互動本是在一次次進退之間調整，家長逐步輔助孩子獨立。

★如果我學得太快，我怕會犯錯

學習本是從犯錯失敗中進步，但沒人喜歡挫折打擊。練習生字，明明學過卻還是會出錯，我們要試著看看孩子的困難在哪裡，而不是責問「為何教過了還會出錯」。如果不會再度出錯，何必重複練習呢？

解決之道 既然犯錯和挫折是學習的本質，家長應該避免處罰孩子的學習動機。「學習面對挫折」是學習的重要部分。孩子對有天分的項目興趣盎然，對表現較差的科目興趣缺缺。若要學習挫折忍耐力，就要專挑孩童表現較差的部分。

家長引導時，將重點放在「願意努力嘗試」、「持續度很好，有繼續堅持」、「過程中沒有任性放棄」，而不是將重點放在「有沒有進步」。比如練習踢足球，重點不在「有沒有踢進球門」，而是「有沒有專心練習一小時，沒踢進也不放棄」。

獎勵準則：達到家長要求的持續度就給予獎勵，若沒達到要求，這次不獎

父母只要同理孩子的挫折感，在一旁陪伴，不用急著「驅趕壞心情」。

勵，但下次要「降低標準」（例如一小時改為四十分鐘），以「孩子多些堅持就能達到目標」為基準。

★我學不會，乾脆放棄算了

孩子也有自尊心，學習中必然遇到的挫折，即使旁人不加以苛責，孩子也很難一笑置之。幾次下來，可能直接投降放棄。面對挫折、心裡窩囊，逃避是個「低成本」的壓力因應方式。

解決之道　顧及挫敗心理。我們同理孩子的挫折感（球怎麼也踢不進），不急著「驅趕壞心情」、也不急於「用獎勵來鼓舞，讓孩子馬上重現笑靨」，因為壞心情也是一種真實的感受。沒有人受挫折內心難過臉上還笑得開懷，勉強孩子擠出笑容只不過是另一種扭曲。

建議家長可在旁陪伴，告訴孩子：「我知道你沒踢進球很不爽，甚至有點生氣，也有點難過（同理其感受）。但今天你很認真練習我都有看到，我覺得這點很棒（鼓勵其正向努力）！你下次練習時，我依舊會陪著你（承諾將共同承擔未來的挑戰與挫折）。」

★我學不會，只好假裝已經會，才不會丟臉

孩子怕功課退步遭責罵，或落後其他同學，名次更差，只好假裝自己已經學會，怕被揭穿還拒絕師長協助。內心一再加深「我不夠好」的信念，嚴重打擊自信心。

解決之道 勿以對錯來評量孩子的學習成果。孩子英文背過老是忘記，要「假設孩子遇到某個困難，所以想背也背不起來」，協助尋找困難。如果只因成績不理想而責罵孩童，孩童「最節省成本」的改進方式就是「不擇手段得取高分」，例如作弊或隱匿考試成績。

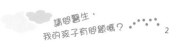

孩子在成長過程中不斷學習，在學習中也不斷面臨挫折。行為退化或其他行為改變，都是孩子透露出的訊息。大人可以藉此探查孩子的行為及心理狀態，適度引導，讓孩子在充滿自信的狀態下成長茁壯！

貼心小提醒

孩子的學習是一個「動態過程」，期間不斷變化，有時進步有時退步。父母引導孩子學習也需要保持動態變化，因應孩子狀態調整。「只許進步、不允許退步」就像毫無彈性的琴弦，繃太緊容易斷裂。

22 長幼競爭禮讓講倫常，手足之情從生活培養

爭寵、告狀，打架，大的欺負小的，小的仗勢年幼，生兩個小孩真的比較好嗎？

大波兩歲時，家裡收養了一條幼貓，名叫阿毛。大波偶爾會幫忙餵食，私底下卻經常捉弄牠，甚至用腳踢。等到大波三歲時，弟弟小寶出生了，有一天媽媽發現大波偷偷捏弟弟，被大人看到才趕緊縮回手。

家中新成員誕生，全家滿心歡喜。老大在開心多了一個弟弟妹妹之餘，也發現自己多了一名競爭對手。無論喜歡或不喜歡，兄弟姊妹將彼此相處很長一段時間。手足相處會隨孩子成長而越來越複雜。以哥哥大波跟弟弟小寶為例：

- **瓜分資源：**若大波覺得父母因為照顧小寶而減少陪伴自己的時間，就可能對弟弟產生敵意。
- **不平等對待：**若大波覺得父母可以容忍弟弟的脫序行為，卻無法容忍自己鬧

脾氣，就會覺得自己被針對，於是心有不甘抗議。

- **自己終於不是最後一名**：然而，因為大波終於有個「排行在自己後面的傢伙」，自己終於不是最後一名，所以對小寶也可能較為容忍。畢竟，自己是屬於「領先地位」，有個小跟班，很多事情都將變得不一樣。同時，自己也不再是家中唯一的小朋友，終於有個玩伴了。
- **利他行為**：大波在父母的要求下，會幫忙照顧弟弟。透過這種無私付出所產生的「自我有能感」，會讓大波一點一滴培養「當排行老大的個性」：顧慮他人需求，不求回報

孩子學會照顧寵物，學會關懷弟弟妹妹，從此有更多責任感與榮譽感。

地幫助他人。甚至將他人的行為及成就當成自己責任般看待，積極面對。

- **教導行為：**大波學什麼都比小寶早幾年，因此順理成章地站在指導者的位置，樣樣做到「哥哥教弟弟」。一邊教導，一邊自己也能透過「教學相長」而有練習的機會，同時要做弟弟榜樣，自我要求也會提升，一舉數得。

兩個孩子恰恰好？手足會遇到什麼問題？

可是，不用幾年，當小寶脫離襁褓之後，學習速度越來越快，兄弟兩人個性產生差異。我們假設大波五歲、小寶三歲時的新狀況：

★同儕互動

小寶還沒出生時，大波只能孤單地玩。就算大人參與遊戲，也不過是陪著自己玩。若是跑步競賽、接球比分數的遊戲，也是大人讓自己，久了沒意思。直到弟弟長大，才真正有了「能一起玩的夥伴」：可以真的比力氣較勁、比誰跑得快。當然，哥哥難免要讓弟弟，但總比跟大人玩好。兩兄弟在互動中學習到：

- **人與人的應對進退：**若總是贏弟弟，弟弟就賭氣不玩或哭鬧耍賴。是要多讓弟弟，爭取兩人繼續玩下去？還是強調公平規則，該贏就贏？大人們的相處也是這樣，偶爾吃點虧、偶爾爭些便宜。大波小寶透過這些互動，奠定將來與他人相處的模式。
- **判斷團體意向：**爸媽詢問晚餐吃什麼，大波贊成爸媽的提議說要吃麵，小寶就算想吃飯，也只能投下唯一反對票，不得不同意。適度的團體壓力，藉此辨風向、識臉色，這是社會生活的基礎。
- **同儕競爭：**兄弟倆形成一個小團體，彼此競爭，慢慢就會產生同儕壓力。小寶對於畫畫較具天分，大波就嫉妒。短時間內大波可以透過努力進步，然而兄弟倆資質不同，若小寶美術天分高，大波老是在這項目比較，自然受挫。往好處看，這是培養受挫力的機會。

★團體壓力

團體壓力能增加孩童行為改變的動機，比如說，大波先吃完飯可以離開餐廳去看卡通，弟弟見狀就自動快點吃完，改正拖拖拉拉的習慣。

標準一致：過去大波被要求九點去睡，父母卻看電視看到十一點，大波自然不甘不願，覺得「爸媽可以我就不行」。如今兄弟倆都要九點就寢、睡前刷牙，接受度增加。

★互相模仿

大波學會穿衣穿鞋，小寶跟著學；大波伶牙俐齒跟爸媽討價還價，小寶同樣跟著學。反之亦然，小寶哭鬧拗糖果，大波看在眼裡；小寶乖乖聽話大人稱讚，大波也會反省自己是不是該乖巧些。孩童模仿力強，好壞都會互相影響。若能加強良性互動，壞的不學，學好的，父母教養可以事半功倍。

★凝聚力

對大人而言，兩兄弟會組成「小孩子一國」；對其他幾家小朋友而言，會組成「我們家一國」。兩兄弟由於相似度大，面對外人可以凝聚團結。若大波是黃種人，班上同學都是白種人，大波對膚色感到自卑，如果兄弟在一起，兩人皆是黃皮膚，就不那麼介意。家境不好，同學腳上都是名牌鞋，大波只穿便宜的布鞋而自卑，但若兩兄弟都穿普通布鞋，就不會那麼難過。同類型、同程度的人容易成為夥伴，家裡的第二個小孩，是這凝聚力的起點。

手心手背都是肉，父母怎麼做才公平？

隨著家中新成員增加，家庭系統雖然變得複雜，但其穩定性也逐漸提高，成為完整的系統。過去大家庭子女眾多，父母無法顧及全部，所以大的帶小的，借力使力，讓這個系統自行運作。現在社會多為小家庭，子女一到兩個，所以當新成員加入時，這系統尚未穩固，易生紛擾。家長面對這個狀況要沉得住氣，以靜制動，要相信家庭系統有其趨於穩定的能力。在這當中，家長若要適時介入，比如說，大波小寶各吃一塊蛋糕，最後盤子裡還剩半塊蛋糕。兄弟倆都想吃，這時該怎麼分？

★誰比較喜歡吃蛋糕，就分給誰

有的孩子愛吃甜食，有的愛吃鹹的。誰比較喜歡吃蛋糕就分給誰，這由父母自行決定。但因為孩子總希望得到更多，很少願意出讓的。即使自己不是很想多吃半塊，但基於比較心理，不肯放棄。若父母自行決定，孩子聽到父母的意見，接受度反而增加。

有的父母為了避免爭執，盡量購買一模一樣的物品，兄弟倆各一個。明明一個愛吃甜菠蘿麵包、一個愛吃鹹肉鬆麵包，但因怕兄弟倆比來比去吵架，所以只買同口味的麵包兩個。這考量無可厚非，但父母很難永遠準備兩份。重點在於：孩子彼此爭執時，有沒有解決爭端的機制。

★制定規則，誰贏了就誰吃

猜拳或擲銅板，機會均等。既然取決於機率，最好孩子之間的能力相仿。如果弟弟每次猜拳都出布，很容易輸，那麼父母就要知道猜拳是個對弟弟不夠公平的遊戲規則。

若哥哥老是占弟弟便宜，假借「教導」的名義欺壓，就需要強調遊戲的公平性。要記得：哥哥年長，但其「教導權威」是由父母所授予的。例如弟弟小寶有台腳踏車，卻不大會騎，於是爸爸要求哥哥大波教小寶騎腳踏車。大波自顧自騎走小寶的腳踏車，一玩就玩很久，沒有認真教。當小寶好不容易搶回腳踏車練習，不慎跌倒時，大波還推託說「我有騎給他看啊，誰叫他那麼笨」。這時爸爸應該暫時收回大波的「教導權限」，先導正大波的行為之後，再重新授權大波教小寶騎腳踏車。

★制定條件，誰達到就誰吃

願意幫忙擦桌子的人能多吃半塊蛋糕，多付出當然可獲得福利。若沒人要做，就沒收蛋糕，兩人都吃不到。

也可以用「原本就要做的事」來當作條件，目的在「增強動機」。

原本孩子們餐後要幫忙收拾餐桌，這是「原本就要做的事」，並不是因為多了半塊蛋糕所創造出來的新條件。強調其動機（快點舉手說自己要擦桌子）及獎勵，無形之中讓孩子更積極，一舉數得。聰明的孩子也可從中知道，既然早晚都要幫忙收拾，此時主動還能得到額外獎勵，何樂不為。

★讓兄弟倆試著說服對方

教大波對弟弟說：「我的小汽車借你玩十分鐘，你給我吃蛋糕。」或教弟弟說：「哥哥我唱首歌給你聽，你讓我吃蛋糕好不好？」

孩子需逐步學習如何溝通協調、取得共識、各取所需，最高目標是創造雙贏：你好我也好。在家庭教育啟蒙，由家長適度引導，手足間從生活事件裡慢慢學習。若等到入學之後才讓孩童在眾多同儕中「靠自己學習」，風險較大，孩子也學得辛苦。

★賦予角色功能的社會期待

這是最後一招，強調每個人扮演的家庭角色，也就是傳統倫常：兄友弟恭。哥哥帶弟弟，弟弟聽哥哥的；當哥哥的多讓些，當弟弟的偶爾撒嬌無妨。其他例子如男女有別：男的活潑頑皮、女生柔順乖巧，男生可以大剌剌爬上爬下，女生就該穿戴整齊坐好。角色的刻板印象有其優點，以符合社會期待的角色來要求孩童，一方面導正行為，另一方面也能讓孩子了解「這個社會是怎麼看待自己」。

刻板印象亦有其缺點，用角色功能約束孩童時，要記得保持彈性，並隨著情境及孩童成長而調整，不然容易流於形式，缺點大於優點，最後得不償失。

貼心小提醒

家庭就是大家族的縮影，是規模較小的系統。每當新成員加入，家庭結構產生變化，家庭系統就會隨之因應。過程中難免會有些波動，最後會漸趨穩定，重新達成平衡。家長就像掌舵的船長，遙望遠方、掌握方向，只要不被這些小波動所誤導，家庭就能航向正確的目標。

23 父母愛心無限，時間有限，孩子應珍惜

物質越充裕，越不知珍惜；父母越費心，孩子越不懂感激，怎麼會這樣？

山姆剛報名繪畫課，才上兩次就找理由不去；晚餐扒兩口就說飽了不想吃。媽媽苦口婆心相勸，山姆當作耳邊風。媽媽心想：「小時候我想學鋼琴都沒錢繳費，如今我的孩子卻不懂珍惜！」

現代物質豐裕，無形之中養成孩童浪費、不惜物的壞習慣。不要忘了，孩童這些習慣，是從生活經驗中學習而來。效法的對象，就是日常生活中最常接觸的大人。大人並非刻意浪費，但孩子是張白紙，對於眼前所看到的大人行為沒有知識加以判斷，全盤吸收後逐漸習以為常、養成浪費習慣。

- **用過即丟的餐具及包裝：**孩子看到免洗餐具或商品外包裝不斷地被大量丟棄，形成「用完即丟」觀念。對待物品如此，會由外而內，內化到孩童心理層面，對「人」的態度在潛意識形成「除非對我有好處，否則用完即丟（我不理你）」觀念。建議多使用自備餐具如碗筷、水壺等，若貪圖方便卻養成孩童「凡物皆可拋棄式」、「用過即丟」習慣，將不懂得愛物惜物。
- **天然資源的浪費：**家長可機會教育孩子，例如睡前檢查門窗、出門前要求孩童負責檢查水龍頭、電燈及電器開關等，灌輸節約水、電、瓦斯的概念。
- **文具用品及教育資源：**家長若「無限制供應各式文具」，孩子會不懂珍惜。真正的珍惜是將文具妥善保管，用心將文具用品盡最大利用。若教育資源如才藝班「無限量供應」，孩子就愛學不學，態度散漫。
- **卡通、電視網路及玩具資源：**資訊廉價地無限量供應，會讓孩童習慣專注最炫目的影音，只尋求滿足眼球視覺、放棄大腦思考。玩具多到滿出來，孩子也不會珍惜。

如何讓孩子學會惜物？

為了讓孩子學會「愛物惜物、知感激」，我們可從以下方式應用到生活中：

★增加稀有性

「物以稀為貴」，數量有限，就會懂得珍惜。貧苦的年代沒白米飯吃，所以掉到桌上的飯粒就變少了，吃剩的飯菜也不多。如果孩子們有無限量供應的各種資源，當然會只挑當下所喜愛的，拋棄現在沒感覺的。所以要加強孩子愛物惜物，最直接方式就是減少數量。

★縮短時效性

「限時折扣」、「週年慶」具時效性限制，讓人覺得「要把握機會」、「機會難得」！讓消費者產生錯覺「現在雖然不需要，但難得這麼便宜，趕快先買起來放，說不定以後用得上」。

家長可利用這種邏輯：餐桌上飯菜大量供應，但「時效有限」，原本會放個一兩個小時，想吃的人先去吃，現在只放四十分鐘，晚了就吃不到。孩子會錯覺「現在雖然還沒那麼餓，但不趁現在吃，待會吃不到最想吃的那道菜」，提高動機，格外珍惜。若飯菜放冷了也沒有收起來，想吃就隨時有得吃，孩子當然先把卡通看飽了，再考慮慢吞吞吃個一兩口。

★取得的難度

取得資源的門檻越高，會讓人聯想到背後的努力。例如考試第一名，獲頒獎狀。獎狀不過一張紙，其代表的卻是「學校正式給予的肯定」。由於取得難度高，這獎品的價值就提升了。若孩童

數量太多，唾手可得，要珍惜也難。物以稀為貴。

習慣人人有獎，認為這獎項是自己應得的，自然輕視。同樣邏輯，平日可以看一小時電視，但要多看額外十分鐘，可能要多付出很多：幫忙洗碗或功課提早寫完。這額外十分鐘，相較於每天都能看的一小時，沒什麼大不了。然而這額外十分鐘所被強化的「努力—獎勵」連結，是讓這區區十分鐘變得難能可貴的原因。

★創造選項，不可兼得

領了第一名的獎狀，就不可能同時領第三名獎品。然而，人總會羨慕自己所沒有的，儘管在理性邏輯上知道「魚與熊掌不可兼得」。利用這個邏輯，我們可以「創造選項」，讓孩子在面臨選擇之下，先慎重地選擇自己比較想要的，然後將第二選項當作下次獎勵的動機。例如以甜點當獎勵，整份甜點可能原本有香草冰淇淋加上巧克力餅乾，非常豐富。不加節制的話，孩子兩種都要。若將這份甜點拆開，改成「只能選冰淇淋」或「只能選餅乾」。讓他這次只能選一種，他會珍惜自己這次選的，同時會期待自己這次沒選到的，家長可順勢告訴孩子：「下次如果跟這次一樣有進步，下次可再選，到時候就可以選另外一個啦！」

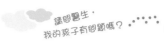

如何讓孩子懂得感激？

上述大多是對於「物質資源」的珍惜與感激，現在我們試著推進到較高層次，討論抽象的資源：

★父母的時間資源

許多父母因為不忍心拒絕孩子，所以當要做自己的事時，只好「裝忙碌」：辯稱「把拔現在有很重要的事情要講電話（其實是閒聊），你乖乖先去客廳玩」、「馬麻現在要上廁所（其實坐在馬桶蓋上打瞌睡）」。但從孩子角度來看，父母要不是外出工作，要不就是在家陪小孩，所以孩子對於父母的時間資源是毫無概念的。

父母應將家庭生活時間切一小段給自己：為什麼父母不能單純「想自己靜靜、擁有獨處的時間」呢？哪怕只有五分鐘，將這時間留給自己，讓心情沉澱。就算萬不得已因為孩子而要挪用這段時間，孩子也能知道「這是占用媽媽寶貴的獨處時間」。若不加以區隔，孩子易覺得「父母的時間不是問題」，進而霸占父母把24小時都給孩子，孩子不易珍惜。給他整盤披薩，吃撐的孩子只要一片。

父母所有時間，不知珍惜親子相處的時光。

家長若覺得這提議很難做到，在此舉二例說明這提議的可行性與重要性：

- **所有孩子都知道，不要隨便把熟睡中的大人吵醒：**不單單是吵醒大人所需面對的可怕後果，同時孩子也知道「自己被挖起床很痛苦」，進而同理「爸爸睡著的話不要隨便吵他」。由此可知，只要明確告知孩童，孩子可學會尊重父母的個別時間。
- **孩子對父母放下工作抽空參加自己活動，往往特別珍惜：**孩子明白父母工作是很重要的事，因此若忙碌的父親特別抽空，哪怕只是接孩子放學，孩子都會感受特別深刻。

★來自於家長親友的情感資源

從時間資源延伸，就是無限的情感資源：無限的包容、耐心與愛心。父母教導孩子自然循循善誘、諄諄教誨。由於教養時間長達十數年，孩童容易認為這種情感資源是無限的。父母教養過程中應該認清，對孩子的「愛與情感」可以無限，但對孩子的「包容與耐心」卻不是無限而毫無節制的。

★父母的包容有限，孩子要從犯錯中成長

孩子所理解的世界，無法以理智判斷，只會從眼前片段的現象來自行解讀，於是產生「對教養的反抗」：孩子三歲時吃飯打翻餐碗、平常動輒鬧脾氣，父母當孩子還小，處處包容。七歲時還這樣，父母趨於嚴厲，孩子卻認為「對我的包容與耐心不是無限的嗎？為什麼現在那麼兇？為什麼以前可以，現在不可以？是不是你們不愛我了？」「既然你們說愛我，為什麼現在對我那麼兇，對弟弟又不

會這樣？」

孩子有撒嬌任性、失誤犯錯的權利，但也要負責「承諾改進、持續成長」的義務。若只享權利不盡義務，就好比總是賴在地上哭鬧的孩子，沒有頂天立地的一天。家長之所以可以無限包容稚子哭鬧耍賴，不就是因為「相信他總會長大」嗎？這信念化成行動，就是清楚告訴孩子權利與義務。這個權利義務會隨著年齡調整：孩子越小，犯錯的權利越多；年齡越大，改進成長的義務要越多，而且進步幅度要越來越快，最好能自動自發改進，不能老靠父母「說一句才動一下」。

★父母的耐心有限，孩子要從失控中成熟

情緒管控也是同樣邏輯：孩子遇到挫折可以發怒跺腳、可以難過掉淚，氣極亂摔玩具、破壞物品。但孩子要承諾，在亂發脾氣之餘，將來要逐漸長大，個性要越來越成熟。表現在行動上，就是盡全力學習成長，一次比一次進步，一次比一次更好。

個性成熟不是蓄意淡化喜怒哀樂，而是在情緒抒發之外，還能以負責的態度來面對。個性成熟不只是壓抑怒氣、遇到挫折還笑稱不在意、當沒這回事。孩子

應是透過學習，讓個性逐漸成熟，學習負責。負責，就是努力的過程。曾經努力付出，就會懂得珍惜。以負責的態度，在家長的包容之下（享犯錯的權利）努力茁壯（盡成長的義務）。

學習自我負責，擺脫依賴

順著這個教養原則，孩子逐漸學會愛物惜物、珍惜感激，以負責的態度面對目前享有的資源。例如父母花費高額學費讓孩子去學才藝班、孩子以珍惜的態度來學習。父母花時間跟孩子相處同樂，孩子願意珍惜這時光，而不將時間浪費在耍性子鬧脾氣，這是最理想化的狀態。然而在現實層面上，孩子很容易隨著時間拉長，開始產生各種困難。

孩子在成長過程中，會對負責產生壓力，壓力衍生恐懼：

「媽媽要我自己決定要選鋼琴課還是足球課，如果是我自己選的，就要自己承擔，不能退縮，也不能說不學就不學。這樣我不如不要選，反正到時候就推給媽媽，說當初是她強迫我學，又不是我自己要學的。」

「爸爸要我自己選，看是要念原來學校還是轉到私立小學。我捨不得原來同學，但爸爸說私立小學比較好又比較貴。如果我自己選，將來成績不好怎麼辦？還是交給爸爸決定好了。」

小時候沒學會「承擔責任」，長大後面對類似情境同樣找父母背書：

「我不知道該怎麼選填科系志願，還是聽父母的意見比較輕鬆，不然我很累。」

「我帶回來的女孩子爸媽不夠滿意，將來還是不要娶她好了。」

這種「心理依賴」總認為自己的情緒跟遭遇都是大人造成的，皆是別人的責任。若抱持著這種心態，即使孩子三四十歲，只要父母還健在，心靈依舊停留在幼稚階段，毫無責任可言。

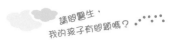

孩子會有這種想法無可厚非，因為學習面對負責、面對壓力原本就是困難的事。所以家長的觀念要調整好：隨孩子年齡調整權利／義務的比重，孩子才能不氣餒於挫折、放膽成長。

貼心小提醒

我們希望孩子心懷感激、珍惜資源，藉此體會父母的用心。培養孩子以認真負責的態度，不敷衍、不潦草地盡自己最大努力，善用資源，在錯誤與包容中逐步成長為有用的人，這是每一位父母的盼望。

24 孩子在校在家兩樣情，家長老師合作一條心

在學校一個樣，在家一個樣，父母問太多，會變成恐龍家長嗎？

看到老師聯絡簿上寫「黃晶搶同學的餅乾吃」，媽媽連忙質問。黃晶答：「是同學請我吃的！」隔天傍晚黃媽媽又接到老師來電，趕緊向老師解釋原委。老師語氣有些冷淡，大多沉默聽著。回頭黃媽媽心想，會不會無意間又惹老師不高興了……

家長面對老師時經常發生明顯的溝通障礙：第一次見面就產生誤會，留下不好印象，日後解釋起來容易越描越黑。熱心教導孩子的老師占絕大部分，但不能光憑老師的熱心腸就期待把孩子教好。

如何跟學校老師好好合作，誠懇溝通是第一步；要建立好的溝通，首先要試著從老師的角度看問題。

老師和家長角色不同，看事情的角度也不同

在這裡可以用「牙齒」來做比喻。假設一位老師管理一個班級，班上有三十二位學生，我們以一位成人三十二顆牙齒，一顆牙齒代表一位學生比喻：

1 今天A君要用牙齒好好吃東西，平常就要好好刷牙、飯後漱口。
2 刷牙的時候不可能一顆一顆牙分開來刷，必定是滿口牙一次刷乾淨。
3 A君平常關注的是吃東西有沒有問題，很少沒事去關注特定一顆牙齒。
4 平常刷牙時，對每顆牙齒一視同仁，沒有差別待遇。
5 牙痛不舒服，A君要花額外時間看牙醫，看看是什麼問題、能不能治療。
6 儘管花時間，若修修補補能讓牙齒不那麼痛、不妨礙吃東西，這是可以忍受的。即使幾顆牙缺個角、帶些結石，只要沒大礙，那也無妨。
7 如果牙痛好一陣子，多次看牙醫都沒辦法搞定，最後就是針對那顆牙齒，壯士斷腕、直接拔除。

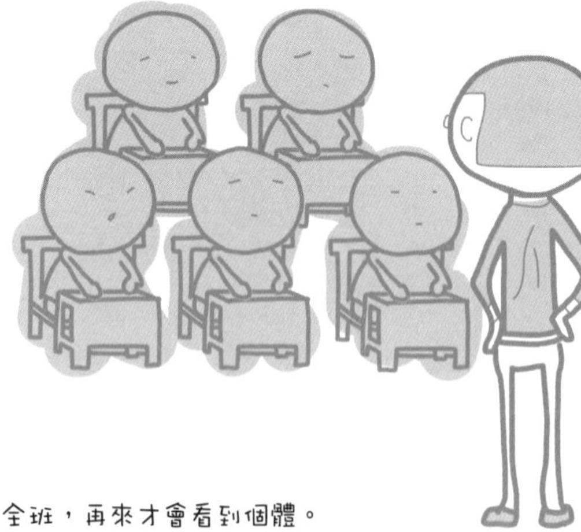

老師眼中，看的是全班，再來才會看到個體。

到了這個地步，A君對那顆老是讓自己疼痛的牙齒是沒有任何眷戀的。

依照類似邏輯，老師管理班級，就好似管理三十二顆牙齒：

1 每日例行的工作內容就如日常刷牙：按時教課、批改作業。

2 例行工作的重點在於「按時完成」。批改全班三十二份作業，首重整體完成率，個別狀況次之；就像刷牙時全部一起刷，不會專注單一顆牙。重點在於每個學生都要交作業，讓整體完成率達到百分之百，順利結束例行工作。

家長眼中，先看到自家寶貝，其次才關注班級。

3 學生作業寫得用心當然很棒，但對老師來說，第一重要的是「學生按時交作業」。唯有這樣，老師當天才能順利改完作業。

4 至於學生有沒有認真寫、還是看太多電視貪玩來不及寫作業，同樣很重要，只不過優先順序排在第二、第三。

5 如果學生多次發生問題，例如經常遲交作業，甚至為了口頭告誡這位同學遲交作業的事情，花費太多課堂時間，如此等同干擾課程進行，老師需再花費額外時間處理；好比牙痛去看牙醫，雖然耗費精力，但這是必經過程。

6　到此階段，家長會接到老師電話通知，說明孩子在學校發生的問題，尋求共同解決方案。

從家長角度來看，雙方的第一次接觸就是在孩子出問題的時候。有別於新生入學、家長會的集體場合，雙方面對面所建立的第一印象就建立在「我家小孩有問題」的情境，光這點很多家長就難以接受，潛意識裡築起一道防衛高牆。表現於外，就是言語上的辯駁與否認。

7　當老師認為學生的問題難以處理或已經擴大到校規層面，就會在校方會議裡公開討論，擬定處理方向。這時就會像A君面對造成劇痛的蛀齒，選擇拔除一途。

大部分老師會盡全力幫助每位學生，避免走到這一步。為了避免成為壓垮駱駝的最後一根稻草，家長此時應該盡早協助老師減輕負擔，間接替自己孩子爭取更多轉圜時間與機會。

簡化說法就是：從老師角度而言，第一考慮的是全班的狀態，其次才會注重學生個別的狀態。這種思考邏輯，跟家長有很大不同。家長第一考慮是自己家小孩的狀況，接著才會顧慮到全班。

老師這麼想，家長那麼想

一位小學新生才剛入學，椅子上坐不住，不時離開座位、干擾上課。老師屢勸無效，被懷疑可能是過動兒，通知家長帶去給醫生看。

父母第一在意的是「老師說我孩子過動」。醫師評估結果是「輕微過動」，不需要強制吃藥。最後家長決定不給孩子吃藥，孩子也確實不是嚴重過動症。

家長的想法是，只要孩子沒嚴重到需要吃藥，那麼就不吃。至於全班其他同學能不能好好上課，也很重要，只不過這是第二個才需要考慮的。

老師第一在意的不是「這位小孩到底有沒有過動症」，而是「全班能不能繼續好好上課」。如果孩子服用藥物能夠讓課程順利進行，老師可能會傾向讓孩童服藥。

於是，不同的考量序位可能因此產生意見衝突。

一個會動手打人的小朋友讓老師頭疼，因為挨打同學的家長來學校抗議。打人當然不好，只不過也許打人小朋友另有前因後果。

老師的首要困擾在於「家長到學校找校長告狀」，次要才是「小朋友嬉笑打鬧的事情原委」。

動手小朋友的家長回家後將孩子好好揍了一頓。老師後續追蹤，家長答稱：「我已經教訓過孩子了！」試問，有解除老師的主要困擾嗎？

如果打人小朋友的家長單方面只考慮「小朋友之間打打鬧鬧本來就正常」，或是認為打罵完就了事，卻不了解老師壓力所在，那麼這些壓力最後仍會由老師潛意識轉移到打人小朋友身上，孩童被貼上標籤，問題依舊沒解決。

家長老師的考量順序不同，在孩子眼中，就形同老師跟家長的不一致，是教養策略的雙頭馬車。孩子不但無所適從，還被迫尋找夾縫中求生存的方法：見人說人話、見鬼說鬼話。在老師面前說一套，在家長面前說另一套。長久下來不單原問題沒解決，更養成虛與委蛇的雙面人性格，壞處更大。

別當怪獸家長，親師溝通怎麼做？

★了解老師壓力源，先針對壓力源處理

若老師壓力來自於其他家長，可直接向對方家長溝通、化解誤會。

若孩子作業沒交，「先求有、再求好」，先讓老師能完成日常例行工作。作業品質的提升，或孩子無法好好寫作業的困難，容後再處理。

若孩子已數天打擾上課秩序，在改正其行為前，先讓孩子離開學校幾天，讓老師先解除「無法好好教課」的壓力。

★避免將自己的情緒轉移到老師身上

許多家長在家庭跟學校間疲於奔命，無形中將老師當成自己訴苦對象。老師要同時照顧孩童跟孩童家長的情緒，通常只會讓事情更難處理。老師是你教育孩子的工作夥伴，不是暢談心事的朋友。

- 「我也認為孩子不該一天到晚玩手機，但他爸爸老是唱反調說沒關係！」→將夫妻間的教養矛盾向老師訴苦。
- 「我公公本來說好要接孩子回家，臨時又說要去醫院拿藥，我根本分身乏術。」→將與長輩間的難處向老師抱怨。
- 「我小孩平常在家中不會這樣啊！」→否認問題、拒絕面對，由於無法消化自己的情緒，於是將問題丟回給老師。

★適時接納老師的情緒壓力

魚幫水、水幫魚，老師也是平凡人。家長適時協助老師消化其情緒壓力，老師會將獲得的能量轉移到幫助自己孩子身上。

盡量少直接給老師建議，而是同理其「必須兼顧教學與管理」的難處。直接給建議代表的潛藏語意，往往是「你就照我說的這樣做，做不到就是你的問題，不採納建議也是你的問題。總之，不要再抱怨了！」說者無心，聽者有意。

到底該怎麼做？聽到老師抱怨時，以傾聽代替抗辯，傾聽就是最好的包容與接納。

★將身為家長的優勢，轉化為老師的助力

家長優勢在於「你跟校長的從屬關係是平行對等的」、「老師跟家長的從屬關係也是對等的」，但「校長跟老師的從屬關係是上下階級」。老師的為難之處，往往對家長不是問題。

將申訴管道變成「說好話管道」，利用校長信箱或網站留言，替老師美言幾句，往往有意想不到的效果。與其當面指責老師，不如禮貌地質詢校長「有沒有提供老師解決問題的充足資源」。

例如，向校長說：「我看到ＸＸ老師已經多次努力排解問題，我很感謝他。但這當中學校是否應該提供更多人力來幫助ＸＸ老師呢？如果提供更多資源，是不是能讓ＸＸ老師更順利解決問題呢？」將慣常的申訴抱怨轉為「替老師找資源」的助力，問題經常迎刃而解。

不要忘了，家長跟教育單位如教育局，也是對等關係。替校長說好話、找資源，同樣是種可行方式。重點在於「逐級上報」，若直接跳級申訴，難免予人「仗勢施壓」之感，所以重點在「找資源」而不是告御狀、攔路喊冤。

★認清老師的職權，抗議不如傾聽教學用意

學校作業太多導致孩子寫不完。與其抗議老師作業數量規劃不善，不如了解老師的教學用意為何。

如果作業是為了「因應校方規定」，那麼要反映的對象是校方，而不是老師。如果作業是為「增加孩童學習成效」，那麼在沒有更好方法之前，只能接受目前方法。畢竟，老師有權力決定教學方針。

更普遍的現象是：老師規劃作業的原則是「讓家長覺得教材很豐富，學費花得值得」、「別家幼稚園有的我們也要有，不然家長會反映」、「萬聖節要化裝扮相、生日要有生日趴」，結果回過頭來，累苦的反而是家長自己。

★尋求最可行的方案

天底下沒有最完美的教育環境。許多家長花大錢送孩子到貴族幼稚園，結果不符期待，或人比人氣死人，同學家長之間的意見衝突比孩子學習困難來得更無解。

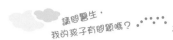

轉換教育環境或許無可避免，但更重要的在於老師跟家長間的默契與溝通。常聽到家長說：「最近換老師、孩子不適應，新老師不知小孩的牛脾氣，一整個帶不好，結果問題拖到現在越來越糟。」

解決問題的一致性往往比解決方法的內容更實際。就現有資源謀取最大共識，尋找「最可行的方案」，而非尋找「理想中的方案」。

貼心小提醒

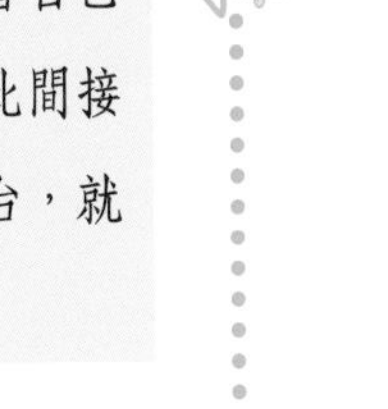

了解學校老師的考量，替對方解決問題，對方就會替自己解決問題。單方面剝削與指責對方，孩子有可能因此間接受到傷害。家長跟老師若能建立順暢對等的溝通平台，就能真正面對問題，進而排除困難，順利解決。

25 從認識身體開始，認識性，培養自信

電子媒體色情暴力氾濫，如何教導孩子保護自己，也尊重別人的身體？

夏天悶熱，媽媽幫兩兄妹多多跟毓雅洗澡，毓雅為了貪圖涼快，剛洗完就光溜溜從浴室跑出來。外婆見了，提高聲音說：「你怎麼沒穿內褲就跑出來！」毓雅說：「多多每次也這樣啊！」外婆說：「男生女生不一樣！」毓雅心想：「我跟多多是雙胞胎，明明就一樣……」

傳統上認為「兒子不拘小節，女兒較貼心」、「女兒黏爸爸，兒子黏媽媽」。這是社會文化所期待的男性或女性，在社會情境中扮演不同的角色。社會文化對不同性別也有不同要求：女生可以打扮像男生，穿褲子、剪短髮，素顏亦無妨；男生卻不能穿裙子，也不能塗眼影口紅等女性裝扮。社會文化對性別角色的要求，廣泛地影響孩童性別發展，其中區分為家庭及社會情境：

家庭和社會對孩童的性別期待

★家庭文化中的性別角色

- **明顯的部分：**重男輕女、男尊女卑等傳統家庭觀念。「家家有本難念的經」，透過婚姻嫁娶，不同家庭文化之間會產生交流與衝擊。例如開明家庭的某位女生因同輩多男生而從小被捧在手心，嫁入男尊女卑的夫家後極度不適應。
- **不明顯的部分：**僵化的家庭性別角色會要求女生一定要溫柔細心，學習烹飪；男生非得開朗活潑，不拘小節。於是同個屋簷下，妹妹可以「不必勇敢」，退縮膽小是正常，哥哥卻被要求有勇氣像個男子漢；哥哥可以「不做家事」，自小未曾擦桌子、洗碗筷，妹妹卻負責飯後洗碗。這種固著的性別角色，可能是變相「性別不平等」。

★家長內心所期待的性別角色

- **男生**：喜歡汽車、士兵、藍色、玩團體遊戲積極、強調競爭與領導能力。
- **女生**：喜歡娃娃、打扮、粉紅色、團體遊戲中強調合作協調與避免衝突。

家長在教養當中不知不覺灌輸性別角色，讓孩子認同並從中學習適應：也許兩兄妹都被要求洗碗擦桌子、遇事不退縮、勇敢表達自我意見，狀似性別平等。但父母替孩子們買玩具時，哥哥買汽車，妹妹送娃娃。這其中就隱約潛藏家長的內在期待。

喜歡機器人的一定是男生？喜歡熊玩偶的一定是女生？
父母期待跟家庭文化期待是性別認同的重大影響。

★社會或校園情境所期待的性別角色

針對不同性別有相對應的性別角色期待，問題發生點在於：當社會情境與家庭教育情境發生性別角色衝突時。

小男生怕黑，在家中父母會提供保護，在同儕中因為怕黑被譏笑為「膽小鬼」。女生喜歡穿褲子，在家父母不強制女生穿裙子，但學校硬性規定女生穿制服裙子，造成孩子不適應。

女生巧玉是堂弟堂妹們的孩子王，在學校不滿體育課都是男生帶頭當隊長，想據理力爭。老師採不干涉態度，讓同學們自行協調。結果男同學們大吵大鬧，女同學們覺得可以打球就好，誰當隊長沒什麼大不了，據理力爭的巧玉每次都爭取無效，最後學會放棄。

家庭教育若跟社會情境差異過大，孩子易適應困難。例如孩子從小在著重兩性平權的外國長大，全家搬回台灣後，社會情境及文化相對保守，確實存在某些性別不平等。若及早預防，能降低孩童不適應。

性別角色認同是教養很重要的一環

家長應該怎麼做呢？

★尊重孩子自主發展

每位孩子都是獨立的個體，有其特殊個性與先天氣質差異。同樣是男生，有的膽大心細、有的謹慎小心；將這些個人特質過早定論為「勇敢」或「膽小」、甚至譏笑為「娘娘腔」，無助於孩子正向成長，反造成刻板印象或自我懷疑。

解決方式：以個性發展角度而言，以正面鼓勵取代負面責罵。

舉例：黃晶一次拿好幾個碗，結果摔破一個。

正面鼓勵：「你雖然打破碗，但你一次拿好多個是要幫媽媽快點擺好餐桌，試著用快一點的方法拿。對於這點，你願意多嘗試幾種方法，媽媽有看到你的用心。」

負面責罵：「女生做事怎麼那麼粗魯！將來長大變成男人婆！」

★認清孩童性別行為背後的心理動機

男孩子喜歡打打殺殺的電腦遊戲，行為動機可能是要讓自己更有力量、更有自信。在少數狀況下，也可能是轉化不滿：自己被霸凌，於是在遊戲中重現，只是自己的身分由被霸凌者轉化為霸凌者（想像中的復仇）。

在這個案例中，若能適當探究，不但可以了解行為動機，也能避免孩子累積過多壓力，避免情緒爆發。

★跟學校充分溝通

多元學習與多元文化將是未來教育趨勢，但追求菁英教育的某些機構卻反其道而行，以硬性的高壓教育敦促孩子的學習動機。

例如：強調嚴謹的課堂禮儀，坐要有坐相。

結果：女生蹺腳被老師點名，男同學兩腿開開老師卻睜隻眼閉隻眼。

變相的性別不平等，卻以「教育」之名行歧視之實。

如何在生活教育與校園學習中取得平衡，需要師長間的充分溝通。

★父母雙方先行協調

大家必定都熟悉以下這種家庭圖像：爸爸在客廳喝茶看報，媽媽在廚房裡面忙碌。香噴噴飯菜上桌，媽媽叫大家一起來吃飯，全家樂陶陶。

這種狀況下，若哥哥抗議：「爸爸是男生，不用煮飯。為什麼我們小孩就要洗碗？」爸爸幫腔：「女生要負責洗碗。」於是妹妹乖乖去洗碗，得到爸爸讚美，媽媽也無能為力。

在這種氛圍下，父母雙方沒有事先協調，孩子無所適從，也難以灌輸兩性平權的概念。

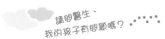

★避免藉由孩子代償自己的性別角色缺憾

- **負向代償**：媽媽自小在男尊女卑家庭中成長，被迫認同性別歧視。當自組家庭後，卻無意間重複這種家庭觀念，強迫自己女兒接受不平等對待，因為「當初自己也是這樣忍過來的」。

實際上，社會文化及時空背景已經改變，媽媽這種教育，某部分源自內心的矛盾情結，藉由孩子重現自己的內在缺憾，來讓自己好過些。

- **正向代償：**媽媽小時候羨慕擁有美貌與高貴氣質的女生，也因為自己不夠美麗而自卑。自組家庭後特別強調女兒的打扮及談吐，希望讓女兒變成其他同儕女生羨慕的對象。

「正向代償」不代表「正確代償」：女兒很容易在這種教育下，也認同媽媽的價值觀（注重外貌）。然而當逐漸長大後，開始思考不同價值觀，發現「原來媽媽過度重視自己的外貌，是因為要填補她自己空洞的心」，於是產生母女衝突，反抗亦烈。

對性感到好奇，要怎麼教呢？

除了性別角色之外，孩子對「性器官」、「性行為」、「大人怎麼生小孩」開始產生好奇的話，父母該怎麼辨呢？

★父母也要教導孩子認識性器官

指著眼睛、鼻子，一字一句教導孩童，是每位父母的經驗。所以可以趁著教導孩子如廁、一起洗澡或幫孩子換衣服時，教導孩子或自己身上的部位，如母親乳房、父親腋毛、孩子生殖器等。

俚語跟正統說法不同：父母不必緊張，遇到孩子好奇，可以用俚語說明生殖器，如「雞雞」、「鳥鳥」等。

俚語跟文化相關：同樣是男性生殖器，俚語可能有幾十種說法。過早拿出醫學書籍煞有其事教

孩童的性就跟其他議題一樣，需要親子間分享溝通，灌輸正確觀念。

學，反而失當。隨孩童年齡慢慢增加辭彙及教學深度，融合俚語跟正式性教育，適當時機如孩童性啟蒙及月經周期等。

★認識性器官與身體的隱私界線

不單單是性器官，身體任何部位都有相對應的隱私界線。親疏之別：即使是親切和藹的父母朋友，只要不夠熟悉，都不應該過度親密。但由於孩童的判斷力較差，因此以身體部位劃分隱私界線較容易讓孩子了解，例如：

1 手掌、手指可以在自己允許下讓陌生人觸碰。如初次見面的叔叔阿姨，過馬路時可手牽手。

2 手臂、背部可以讓認識的人觸碰。較為熟悉的大人如經常往來的親友等，能在此範圍親密互動。

3 衣服蓋住的部分如大腿、肚子，還有臉頰，只能讓同住一起的家人（爺爺奶奶幫忙換衣服）及每天見面的照顧者（如保母）觸碰。

4 內褲蓋住的部分，只能讓父母觸碰。

以上舉例非金科玉律，可依照教養情境調整。重要的是讓孩子了解隱私觀念，以及對身體的自主權。

★適可而止的教育

有些事情，以目前社會氛圍是很難跨越的。例如：大部分人都曾罵髒話，曾看過成人影片，且大部分從同儕之間亂學而來。即便如此，總不能由父母來教髒話、看A片吧？髒話跟性行為、性器官有高度文化連結，其中很多部分是目前無法跨越的界線。

我曾聽聞有父母「以開明態度陪國中孩子看A片，事後還討論」，其實不必勉強到這程度。適可而止的教育，往往比過度刻意來得有效。

★滿足好奇心比知識的科學正確性重要

- **「你可以相信我，我會尊重你」**：即使孩子年紀小，面對相關性議題仍要以尊重的態度溝通。若孩子不願讓別人知道，那麼父母要替孩子適度保守秘密。避免單方面認為「這沒什麼！這很正常！這是自然的事情，家人之間沒有秘密！」若女孩初經來潮，告訴媽媽，結果不到一天全家人都知道了，這可能會造成不信任感。

- **「你可以來問我任何事」**：父母面對孩子稀奇古怪的問題，包括父母怎麼生小孩、性教育等，也許有時令人尷尬，但重要的是向孩子傳達信賴與安全感。讓將來孩子遇到任何問題，即使無法立刻從父母這邊得到完美的解答，但皆可被接納。父母不迴避問題，以創意及包容回應，這都有助於親子關係的培養。

貼心小提醒

兩性平權與性教育是長期被忽視的重要教養議題。家長應多方蒐集資料，以自然不做作態度，配合社會情境及當下氛圍，以耐心與包容漸次讓孩童學習正確觀念。

Wellness

請問醫生，我的孩子有問題嗎？

精神科醫生教你聽懂孩子的內心話

2015年7月初版　　定價：新臺幣330元

著　　者　劉　貞　柏
繪　　者　劉　貞　柏
發 行 人　林　載　爵

出　版　者　聯經出版事業股份有限公司
地　　　址　台北市基隆路一段180號4樓
編輯部地址　台北市基隆路一段180號4樓
叢書主編電話　(02)87876242轉229
台北聯經書房　台北市新生南路三段94號
電　　　話　(02)23620308
台中分公司　台中市北區崇德路一段198號
暨門市電話：(04)22312023
台中電子信箱　e-mail：linking2@ms42.hinet.net
郵政劃撥帳戶第0100559-3號
郵撥電話　(02)23620308
印　刷　者　文聯彩色製版印刷有限公司
總　經　銷　聯合發行股份有限公司
發　行　所　新北市新店區寶橋路235巷6弄6號2樓
電　　　話　(02)29178022

叢書主編　李　佳　姍
校　　對　陳　佩　伶
封面設計　朱　智　穎
封面攝影　王　弼　正

行政院新聞局出版事業登記證局版臺業字第0130號

本書如有缺頁，破損，倒裝請寄回台北聯經書房更換。　ISBN 978-957-08-4584-6 (平裝)
聯經網址：www.linkingbooks.com.tw
電子信箱：linking@udngroup.com

國家圖書館出版品預行編目資料

請問醫生，我的孩子有問題嗎？精神科醫生教你聽懂孩子的內心話/劉貞柏著‧繪．初版．臺北市．聯經．2015年7月（民104年）．312面．14.8×21公分（Wellness）
ISBN 978-957-08-4584-6（平裝）

1.親職教育 2.子女教育 3.親子關係

528.2 104010387